Literatura
infantojuvenil

SÉRIE POR DENTRO DA LITERATURA

Edgar Roberto Kirchof
Luana Soares de Souza
Mara Elisa Matos Pereira

Literatura infantojuvenil

EDITORA
intersaberes

Rua Clara Vendramin, 58 . Mossunguê
CEP 81200-170 . Curitiba . PR . Brasil
Fone: (41) 2106-4170
www.intersaberes.com
editora@editorintersaberes.com.br

CONSELHO EDITORIAL
Dr. Ivo José Both (presidente)
Drª Elena Godoy
Dr. Nelson Luís Dias
Dr. Neri dos Santos
Dr. Ulf Gregor Baranow

EDITORA-CHEFE
Lindsay Azambuja

SUPERVISORA EDITORIAL
Ariadne Nunes Wenger

ANALISTA EDITORIAL
Ariel Martins

PROJETO GRÁFICO
Raphael Bernadelli

CAPA
Adoro Design

FOTOGRAFIA DA CAPA
Vladimir Galantsev/
PantherMedia

1ª edição, 2013.
Foi feito o depósito legal.

Informamos que é de inteira responsabilidade dos autores a emissão de conceitos.

Nenhuma parte desta publicação poderá ser reproduzida por qualquer meio ou forma sem a prévia autorização da Editora InterSaberes.

A violação dos direitos autorais é crime estabelecido na Lei nº 9.610/1998 e punido pelo art. 184 do Código Penal.

Dados Internacionais de Catalogação na Publicação (CIP)
(Câmara Brasileira do Livro, SP, Brasil)

Pereira, Mara Elisa Matos
Literatura infantojuvenil/Mara Elisa Matos Pereira, Luana Soares de Souza, Edgar Roberto Kirchof. Curitiba: InterSaberes, 2013. (Série Por Dentro da Literatura).

Bibliografia.
ISBN 978-85-8212-539-7

1. Literatura infantojuvenil – História e crítica I. Souza, Luana Soares. II. Kirchof, Edgar Roberto. III. Título. IV. Série.

12-09574   CDD-809.89282

Índices para catálogo sistemático:
1. Literatura infantojuvenil: História e crítica 809.89282
2. Pedagogia e literatura infantojuvenil: História crítica 809.89282

Sumário

Apresentação, VII

(1) Literatura infantojuvenil: a leitura literária e o leitor, 9
    1.1   Leitura, 12
    1.2   Leitura literária: breve caracterização, 13
    1.3   A formação do leitor infantojuvenil, 16
    1.4   As relações entre texto literário e leitor, 19

(2) Origem e problemáticas da literatura infantojuvenil, 23
    2.1   As origens históricas da literatura infantojuvenil, 26
    2.2   Pedagogia *versus* arte literária, 29
    2.3   Realista ou fantasista, 31

(3) A construção dos textos infantojuvenis: assimetria e adaptação, 37
    3.1   Assimetria: desigualdade no processo de comunicação, 40
    3.2   Adaptação, 42
    3.3   Textos adaptados, 45

(**4**) Seleção de textos e mediação escolar, 49
    4.1   Critérios de seleção de textos, 52
    4.2   Escolhas a serem feitas, 54

(**5**) Contos clássicos infantis, 59
    5.1   Conceitos, origens e fontes, 62
    5.2   Estrutura dos contos clássicos infantis, 65
    5.3   Contos de encantamento modernos: entre absurdos e inovações, 68

(**6**) História da literatura infantojuvenil brasileira I, 73
    6.1   Precursores: no apogeu da República Velha (1889-1918), 76
    6.2   Do surgimento à maturidade: entre as duas Grandes Guerras (1918-1945), 79

(**7**) História da literatura infantojuvenil brasileira II, 85
    7.1   Período inicial: durante o Período Populista (1945-1964), 88
    7.2   A inovação: durante o regime militar (1964-1985), 91
    7.3   A consagração: a normalização institucional (de 1985 até a atualidade), 95

(**8**) A narrativa infantojuvenil brasileira contemporânea: principais tendências e autores, 99
    8.1   Algumas considerações preliminares, 102
    8.2   Principais tendências, 103
    8.3   Os limites da narrativa, 106
    8.4   De novo, a velha tendência pedagógica da ficção infantojuvenil, 108

(**9**) A poesia infantojuvenil brasileira contemporânea: principais tendências e autores, 113
    9.1   Um pouco de história, 116
    9.2   A poesia contemporânea e suas fontes, 117
    9.3   Décadas de 1960 e 1970, 119
    9.4   Para onde vai a poesia infantojuvenil?, 121

(**10**) Metodologia do ensino da literatura infantojuvenil, 125
    10.1   O professor e a aula de literatura, 128
    10.2   Método recepcional: uma solução viável, 129
    10.3   Elementos importantes no ensino da literatura, 136

Referências, 141
Gabarito, 143

Apresentação

Na atualidade, o desafio da formação de leitores literários é cada vez maior. Muitos são os discursos que circulam em nossa sociedade e muitas são as formas de expressão. Em meio a essa imensa variedade, o texto literário busca manter seu espaço. A literatura infantojuvenil exerce um papel importante na formação de leitores literários, e falar dessa importância é um dos objetivos desta obra.

No percurso por nós escolhido para falar a respeito da literatura infantojuvenil, apresentamos como ponto de partida, no Capítulo 1, questões referentes à difícil tarefa de formar leitores literários na atualidade. Para justificar a importância dessa formação, abordamos a especificidade da leitura literária e o impacto que ela produz no sujeito leitor.

No Capítulo 2, dedicamo-nos a apresentar o conceito de literatura infantojuvenil, o contexto-histórico em que ela surge, seu estreito laço com a escola e com a finalidade pedagógica. Além disso, falamos a respeito das duas grandes linhagens que constituem o acervo literário infantojuvenil: a linhagem fantasista e a linhagem realista.

Já no Capítulo 3, exploramos dois conceitos de fundamental importância para o estudo da literatura infantojuvenil: o conceito de assimetria e o conceito de adaptação. Esses conceitos dizem respeito à maneira como os textos literários se constroem como produção de um autor adulto que tem como destinatário um leitor criança.

A seleção de textos literários para serem apresentados em aulas de leitura é o tema do Capítulo 4. Partimos da ideia de que realizar uma seleção de textos literários adequada é uma tarefa bastante delicada. Se o professor está empenhado em formar leitores literários autônomos, ele deve saber de antemão que seu sucesso depende em muito da escolha do material de leitura.

Os contos clássicos infantis são abordados no Capítulo 5. Essas narrativas, conhecidas também como *contos maravilhosos* e *contos de fada*, exercem um papel importante na formação da literatura infantojuvenil. Exploramos nesse capítulo os aspectos importantes dos textos que compõem o conjunto de contos maravilhosos destinados às crianças.

Os capítulos 6 e 7 são dedicados à apresentação do panorama histórico que retrata a evolução da literatura infantojuvenil brasileira desde sua origem, no final do século XIX, até as primeiras manifestações contemporâneas.

O momento contemporâneo de nossa literatura infantojuvenil é mais bem detalhado nos capítulos 8 e 9, em que destacamos os principais autores e as tendências que formam o rico conjunto da produção literária nacional.

Por fim, no Capítulo 10, abordamos questões relativas à metodologia do ensino da literatura infantojuvenil. Esperamos, com esse percurso, despertar o interesse do futuro professor de literatura para a importância de conhecer e aproveitar nossa rica literatura infantojuvenil na formação de leitores literários.

(1)

Literatura infantojuvenil: a leitura literária e o leitor

Mara Elisa Matos Pereira possui graduação em licenciatura em Letras pela Universidade Federal do Rio Grande do Sul – UFGRS (1992), graduação em Psicologia pela mesma universidade (2003), mestrado em Linguística e Letras, na área de teoria da literatura, pela Pontifícia Universidade Católica do Rio Grande do Sul – PUCRS (1996) e doutorado em Linguística e Letras, na área de teoria da literatura, também nessa universidade (2001). Tem experiência na área de letras, com ênfase em teoria literária e literatura infantil.

Mara Elisa Matos Pereira

A leitura como matéria de discussão é uma presença constante no terreno educacional e em especial no domínio dos cursos de Letras. Na formação de professores de língua e literatura, dedica-se boa parte dos currículos ao preparo de profissionais capazes de desenvolver, eles mesmos, uma leitura crítica, de reconhecer a importância de fazê-la e se engajar na tarefa de levar essa capacidade para suas salas de aula, formando, por sua vez, também leitores críticos. Dedicaremos este capítulo à apresentação de questões relacionadas à leitura literária, visto que o tema é crucial para uma abordagem sobre a literatura infantojuvenil e sobre o lugar que ela ocupa no espaço escolar.

(1.1) Leitura

Os estudos sobre o tema avançaram muito nas últimas décadas. Verificamos uma ampliação no conceito de leitura, que hoje é aplicado não só para designar o processo de decodificação, compreensão e interpretação do signo linguístico. O termo atualmente é empregado para designar também a relação do sujeito não só com outros códigos de linguagem organizados, mas também com pessoas, espaços e objetos do mundo. Assim, podemos ler rostos, lugares, roupas etc.

Paralelamente à ampliação do conceito desse termo, observamos também a multiplicação dos gêneros textuais, compreendidos aqui como "TEXTOS MATERIALIZADOS que encontramos em nossa vida diária e que apresentam CARACTERÍSTICAS SOCIOCOMUNICATIVAS definidas por conteúdos, propriedades funcionais, estilo e composição característica" (Marcuschi, 2003, p. 21). Tais gêneros ganham as mais diversas funções sociodiscursivas, isto é, são discursos que assumem determinado papel social, como no caso de uma notícia de jornal, que tem a finalidade de informar a população sobre os principais acontecimentos do momento histórico em que foi produzida.

Além dessa crescente multiplicação, observamos também em nossa sociedade uma constante hibridização dos gêneros, o que verificamos pela presença em alguns textos das características de mais de um gênero textual.

Outra transformação importante é que já não acreditamos que a linguagem seja tão transparente a ponto de determinar apenas um sentido para cada texto. A leitura é vista como um processo de interação em que a opacidade da linguagem e a subjetividade do leitor multiplicam as possibilidades de interpretação.

Devemos também destacar a crescente certeza de que a leitura não é apenas uma atividade que nos garante acesso à cultura, mas também um intenso processo mental que amplia nossas capacidades cognitivas, simbólicas e emocionais.

As funções que a leitura assume em nossa sociedade são múltiplas e sua importância, reconhecida. Porém, o prazer da leitura, este, sim, parece precisar estar mais presente entre nossos alunos. Moraes (1994, p. 13) afirma:

> *A leitura é uma questão pública. É um meio de aquisição de informação (e a escritura um meio de transmissão de informação), portanto um componente de um ato social. Mas ela constitui também um deleite individual [...]. Os prazeres da leitura são múltiplos. Lemos para saber, para compreender, para refletir. Lemos também pela beleza da linguagem, para nossa emoção, para nossa perturbação. Lemos para compartilhar. Lemos para sonhar e para aprender a sonhar [...]. Lemos até para esquecer [...].*

Esse prazer referido pelo autor aos poucos vem perdendo o brilho e o lugar. A leitura utilitarista, centrada em textos informativos, mais transparentes e mais descartáveis, com potencial limitado para produzir o "deleite" referido por Moraes, é que tem um espaço mais garantido em nossa sociedade.

Entre as práticas possíveis de leitura, a literária é uma das que mais têm o prazer como um dos seus poderosos ingredientes. Sabemos que ela já não é vista dessa forma pela maioria de nossos alunos. Para muitas pessoas, ela é um exercício inútil, pois não oferece claramente determinada informação ou conhecimento. Poderíamos rebater esse argumento com as palavras de Barthes (1987, p. 19):

> A literatura assume muitos saberes. Num romance como "Robinson Crusoé", há um saber histórico, geográfico, social (colonial), técnico, botânico, antropológico (Robinson passa da natureza à cultura). Se, por não sei que excesso de socialismo ou de barbárie, todas as nossas disciplinas devessem ser expulsas do ensino, exceto numa, é a disciplina literária que deveria ser salva, pois todas as ciências estão presentes no monumento literário. [...] A ciência é grosseira, a vida é sutil, e é para corrigir essa distância que a literatura nos importa. Por outro lado, o saber que ela mobiliza nunca é inteiro nem derradeiro; a literatura não diz que sabe alguma coisa, mas que sabe de alguma coisa; ou melhor: que ela sabe algo das coisas – que sabe muito sobre os homens.

Como podemos observar, Barthes chama a atenção para uma espécie de saber que não se oferece de forma direta e demanda do leitor mais do que uma leitura apressada que busca informações precisas. A leitura literária nos conduz a uma infinidade de mundos, mas precisamos ser iniciados para que possamos chegar até eles, precisamos começar de alguma forma a viagem para podermos apreciá-la e encontrar o deleite do qual fala Moraes.

(1.2) Leitura literária: breve caracterização

Quando falamos em leitura literária, tentamos apontar para a especificidade do ato de leitura, quando a interação coloca em cena um leitor e um texto literário. Reconhecemos a especificidade da obra de arte literária e afirmamos que ela possui características que outros textos não possuem.

A especificidade e a singularidade do texto literário não são fáceis de determinar. Correntes teóricas tentaram defini-las sem muito sucesso. Coelho (2000, p. 27) assim explica:

> Literatura é uma linguagem específica que, como toda a linguagem, expressa uma determinada experiência humana, e dificilmente poderá ser definida com exatidão.

Cada época compreendeu e produziu literatura a seu modo. Conhecer esse "modo" é, sem dúvida, conhecer a singularidade de cada momento da longa marcha da humanidade em sua constante evolução.

Esse modo ao qual a autora se refere e que, segundo ela, está sempre se modificando se reflete nas muitas definições que o fenômeno literário recebeu desde Platão e Aristóteles, no século IV a.C., os quais deram início à discussão sobre o tema.

O fato de não termos uma única definição do fenômeno literário só indica sua complexidade e sua capacidade de se renovar ao longo do tempo. Apesar de os teóricos não conseguirem estabelecer um consenso a respeito do que é a literatura, existem algumas características que de alguma forma são reconhecidas como próprias do texto literário. Souza (2000, p. 42) propõe a seguinte definição sintética de literatura:

> parte do conjunto da produção escrita e, eventualmente, certas modalidades de composições verbais de natureza oral (não escrita), dotadas de propriedades específicas, que basicamente se resumem numa elaboração especial da linguagem e na constituição de universos ficcionais ou imaginários.

Souza escolhe dois pontos importantes para definir o fenômeno literário: o uso que a literatura faz da linguagem e a sua capacidade de criar universos ficcionais por meio dele. Até aí, a obra literária se define por sua construção interna; estamos no domínio exclusivo da linguagem e de seu potencial criador, mesmo quando o texto se propõe a representar o mundo real pela mimese. Mas não podemos esquecer que é a interação entre texto e leitor, por meio do processo de leitura, que dá corpo à obra literária. É o leitor, com sua subjetividade, que confere significação ao que, antes da leitura, é apenas um conjunto de sinais gráficos impressos em um espaço em branco.

Dissemos que a leitura literária é diferente de outros tipos de leitura pelo fato de ter como objeto o texto literário e este possuir características que o diferenciam de outros textos que circulam em nossa sociedade, mas não é só isso. A forma de comunicação entre texto e leitor é outro ponto importante na consideração de um objeto como *literário*. Os efeitos produzidos pelo texto sobre aquele que lê e a subjetividade que este último empresta para a concretização da obra no momento da leitura são fatores importantes que caracterizam a leitura literária e marcam a sua especificidade.

Zilberman (1990, p. 19) assinala que:

> A leitura do texto literário constitui uma atividade sintetizadora, na medida em que permite ao indivíduo penetrar o âmbito da alteridade, sem perder de vista sua

subjetividade e história. O leitor não esquece suas próprias dimensões, mas expande as fronteiras do conhecido, que absorve através da imaginação, mas decifra por meio do intelecto. Por isso, trata-se também de uma atividade bastante completa, raramente substituída por outra, mesmo as de ordem existencial.

Ao colocar a leitura literária como uma atividade sintetizadora, a autora chama a atenção para o fato de que, no momento de leitura, o sujeito experimenta o outro (texto/autor), a experiência do outro, sem perder de vista a si mesmo. A interação é resultado tanto de uma atividade intelectual quanto de uma atividade de fantasia. Nesse exercício ativo em que um mundo novo se abre ao sujeito que lê, ocorre inevitavelmente uma ampliação dos horizontes de expectativa deste último.

Jauss (citado por Aguiar, 2001), um dos nomes-chave da estética da recepção – campo de estudos que entra em cena na teoria da literatura a partir da conferência ministrada por esse mesmo autor na Universidade de Constança, em 1967, intitulada *História da literatura como provocação da ciência literária* –, propõe uma inversão metodológica na abordagem dos fatos artísticos. Ele sugere que o foco deve recair sobre a recepção (leitor), e não somente sobre o autor e a produção; define horizontes de expectativa como um quadro de referências que são marcadas historicamente, das quais o autor se vale no momento da produção e que o leitor aciona para efetivar a leitura. Esse quadro de referências inclui aspectos de ordem sócio-histórica, linguística, literária, enfim, tudo aquilo que compõe a bagagem cultural de um sujeito, mais suas experiências de vida.

A ampliação dos horizontes de expectativa do leitor é decorrente do encontro que ocorre entre ele e o texto, quando este último lhe oferece uma nova visão da realidade ou o impacta de alguma maneira. Por isso, podemos pensar na leitura literária como uma atividade de dimensões amplas, que nos proporciona uma gama variada de saberes.

Machado (2001a, p. 88), ao falar da leitura literária, aponta também dois caminhos que, no texto, encontram-se intimamente ligados:

> *Ler literatura, livros que levem a um esforço de decifração, além de ser um prazer, é um exercício de pensar, analisar, criticar. Um ato de resistência cultural. Perguntar "para onde queremos ir?" e "como?" pressupõe uma recusa do estereótipo e uma aposta na invenção. Pelo menos, uma certa curiosidade de uma opinião que não é exatamente a nossa – e o benefício da dúvida, sem a convicção do monopólio da verdade. Só a cultura criadora, com sua exuberância, pode alimentar permanentemente essa variedade pujante e nova.*

Observamos no texto da autora tanto a ênfase no prazer quanto no saber. Além disso, ela coloca a leitura literária como um ato de resistência cultural. Assim, além de destacar o caráter individual da leitura, ela assinala também seu caráter social. Um leitor é um agente ativo de transformação social, pois sua capacidade de refletir e de criticar também é desenvolvida na atividade de leitura. A ampliação da capacidade de reflexão e de crítica prepara o sujeito para interpretar sua realidade social de forma mais apurada e pode também prepará-lo para atuar de modo mais consciente em seu cotidiano.

(1.3) A formação do leitor infantojuvenil

Se reconhecermos a importância da leitura literária para a formação do sujeito e a considerarmos uma atividade única, resultado do processo de interação com o texto literário, que possui características singulares as quais o diferenciam dos outros textos que circulam em nossa sociedade, não poderemos deixar de pensar na importância social do processo de formação de leitores literários.

O ingresso de um indivíduo no território da literatura pode ocorrer em qualquer momento de sua vida. Não existe nada que determine quando isso deve acontecer, mas sabemos que, quanto mais cedo a prática da leitura tiver início, mais cedo a identidade de leitor literário se estabelecerá, e essa identidade, então, passará a participar intensamente da construção da subjetividade do sujeito como um todo. Por isso, destacamos a importância da introdução da leitura literária em ambiente escolar desde a educação infantil.

Se, por um lado, reconhecemos a importância de se estimular o processo de formação de leitores literários desde cedo, por outro, constatamos que as crianças e principalmente os jovens leem cada vez menos ou mesmo nunca leem. As causas desse desinteresse são várias e todos os que estão engajados na tarefa de formar leitores repetem a pergunta: "Como solucionar o problema?". Machado (2001a, p. 116) diz o seguinte a respeito da questão:

> Em termos bem simples, estou convencida de que o que leva uma criança a ler, antes de mais nada, é o exemplo. Da mesma forma que ela aprende a escovar os dentes, comer com garfo e faca, vestir-se, calçar sapatos, e tantas outras atividades cotidianas. Desde pequena, vê os adultos fazendo assim. Então, também quer fazer. Não é natural, é cultural. Nos povos onde se come diretamente com as mãos, não adianta dar garfo e colher aos meninos, se nunca viram ninguém utilizá-los. Isso é tão evidente que nem é o caso de insistir. Se nenhum adulto em volta da criança costuma ler, dificilmente vai se formar um leitor.

A escritora destaca a importância do exemplo para que a criança se interesse pelo texto literário. Se os adultos à volta são leitores, fica mais fácil ela se interessar pela leitura literária. Quando um adulto apresenta a literatura para a criança, estimulando a experiência de fantasia que o texto provoca, a formação do leitor ganha corpo. Aqui, a autora chama a atenção para o poder que a participação da família tem no processo de construção da identidade de leitor literário em uma criança, mas, se os cuidadores não o fazem, a escola geralmente traz a responsabilidade para si, pelo menos, em tese.

Machado (2001a) defende que é mais fácil conquistar a criança, pois ela está aberta ao exemplo. Sua maneira de conhecer a realidade e de aprender depende muito da imitação. Seguindo os outros, ela aprende a fazer coisas e, assim, experimenta, conhece e constrói suas próprias percepções a respeito do que vivenciou.

Por esse motivo, não é tão difícil aproximá-la do texto literário infantil e também porque a fantasia, por si só, é um agente poderoso que pode vir a construir um vínculo forte entre o leitor infantil e o texto literário. É justamente por isso que os livros dedicados à literatura infantil costumam investir bastante nos elementos maravilhosos, já presentes nos primeiros textos dedicados ao público infantil, os famosos contos de fada.

Mas é preciso lembrar que a literatura infantil não é feita apenas de textos maravilhosos. Atualmente, vemos também textos realistas que falam do cotidiano infantil, explorando, inclusive, problemas bastante complexos, outrora considerados tabu pelos autores dessa literatura.

O acervo é rico e variado, e as formas de mediação de leitura também podem sê-lo. Seja em casa, seja na escola, sempre é possível organizar situações de leitura lúdicas e divertidas. O importante é, como salienta Machado (2001a), que o adulto faça a sua parte, sendo um exemplo de leitor e levando o livro até a criança.

Com relação à literatura juvenil, temos outra realidade. A fase de vida em que o leitor se encontra é diferente, e as dificuldades de realizar a mediação de leitura aumentam. Já não lidamos mais com uma criança, e sim com um púbere, um sujeito que está ingressando na adolescência e passando por uma revolução física e mental. E mais, é um sujeito que está ingressando na segunda metade do ensino fundamental, na qual se observam grandes mudanças no ambiente escolar e na forma como o conhecimento é organizado e apresentado.

A mediação de leitura já não pode ser a mesma que era feita com as crianças. Com relação aos jovens, Machado (2001a, p. 118) afirma:

> *Não se consegue realmente despertar jovens para a leitura por meio do exemplo ou, uma vez despertados, mantê-los ligados por meio da curiosidade. Exemplo e curiosidade – para mim esses são os dois pés sobre os quais deveria caminhar a descoberta*

da leitura. Mas, de alguma forma, a curiosidade juvenil não desperta, o que é estranhíssimo. Por incrível que pareça, não há vontade de abrir a caixa de Pandora, de olhar dentro do quarto de Barba Azul... Agora, a curiosidade está adormecida. Talvez, simplesmente, o que esteja ocorrendo é que os jovens leitores não sabem que existe a caixa, o quarto.

Nesse caso, a ênfase recai mais sobre a curiosidade, pois, nesse período do desenvolvimento humano, a imitação é apenas um dos recursos utilizados pelo sujeito para aprender. Os jovens costumam fazer até mesmo o contrário dos adultos, numa atitude de diferenciação própria da adolescência. Por isso, Machado enfatiza, como ponte até o adolescente, o estímulo de sua curiosidade.

Se com a criança o exemplo é um poderoso aliado, com o jovem, segundo a autora, é preciso criar o desejo de saber. Nesse caso, a figura do mediador de leitura, seja ele um professor, seja outra pessoa, vai desempenhar um papel mais relacionado com a provocação, como uma espécie de sedução. O adulto, segundo Machado, precisa instigar o adolescente, dando ênfase ao prazer provocado pela leitura e mostrando, em pequenas doses, o que provocou esse prazer. A autora dá como exemplo um professor que seleciona um texto a princípio instigante para a faixa etária em questão e o lê para sua turma, não por inteiro, apenas pequenas passagens, o início do texto, sobretudo, a fim de atiçar a curiosidade e fazer que o grupo queira saber como o texto de desenvolve.

A literatura juvenil é tão rica quanto a infantil. É preciso conhecê-la para melhor apresentá-la. No caso de jovens que já possuem uma trajetória de leitura consolidada, cabe ao adulto apenas facilitar o acesso aos textos. Já com aqueles que ainda não experimentaram o prazer de entrar em contato com o mundo criado pela literatura, a intervenção é mais complexa e exige mais do mediador.

Não podemos esquecer que, do sexto ao nono anos do ensino fundamental, os alunos ainda não estão em contato com um ensino formal de literatura, reservado para o ensino médio. Por isso, fica a critério das escolas e dos professores reservarem um lugar para a literatura nas séries finais do ensino fundamental. Além disso, devem preencher esse lugar com o contato com textos da literatura juvenil e não adiantar a apresentação da literatura brasileira canônica, pois esta, além de geralmente ser inadequada para leitores tão jovens, já tem seu espaço garantido no ensino médio.

Formar leitores não é uma tarefa fácil. Podemos ser exemplos vivos para aqueles que desejamos influenciar ou ser grandes motivadores dessa curiosidade referida por Machado, mas isso não é suficiente.

Aguiar (2001), entre outros autores, fala da importância de conhecermos bem a realidade das pessoas que queremos atingir, os interesses que possuem, as referências culturais que carregam, além, obviamente, das relações que mantêm com a língua, sobretudo com o registro escrito e padrão. As estratégias desenvolvidas em ambiente escolar não podem deixar de ter um planejamento que considere todos os aspectos anteriormente mencionados.

Sabemos que as crianças e os jovens contemporâneos possuem uma relação muito mais intensa com outras linguagens, sobretudo as midiáticas. A competição entre o texto escrito, inclusive o literário, e essas outras linguagens já foi muito acirrada no ambiente escolar. Atualmente, é crescente a ideia de que é mais produtivo empreender uma conciliação entre os discursos do que colocá-los em uma relação competitiva. Assim, encadear gêneros textuais diversos parece ser um bom recurso para conseguir que crianças e jovens desenvolvam o interesse por textos escritos e, entre eles, pelos textos literários.

Não é demais reforçar que não é apenas papel da escola formar leitores, mas, como essa instituição ainda assume para si a tarefa, o professor não pode deixar de pensar sobre o seu papel como importante mediador de leitura na formação de leitores literários.

(1.4) As relações entre texto literário e leitor

Falamos anteriormente que o leitor exerce uma grande importância na concretização do texto literário. A comunicação entre os dois transforma o texto, conferindo-lhe os sentidos atribuídos por aquele que lê, e transforma o leitor, que, no processo de leitura, experimenta novas realidades, novos saberes e novas emoções. Sendo assim, como afirma Zilberman (1987, p. 79), podemos considerar o leitor como

> *figura exponencial do processo literário, na medida em que é sua percepção do fenômeno estético que o atualiza e lhe dá vida. Este aspecto deve ser entendido não apenas como exercício de uma tarefa de preenchimento dos vazios do texto através da imaginação; o ato de concretização implica também a reapropriação de criações do passado segundo a perspectiva do presente, supondo-se que os interesses do homem contemporâneo tenham sido antecipados por obras literárias de outras épocas.*

Aqui estão destacados dois elementos importantes do processo de leitura literária. Falamos já da atividade exercida pelo leitor ao conferir sentidos à obra literária com base na atividade de leitura, que envolve um intenso processo de significação da linguagem e de preenchimento dos vazios do texto (daquilo que não foi dito nem determinado pelo autor). Como já observamos, na leitura literária, imaginação e intelecção caminham juntas.

Na citação apresentada, Zilberman também salienta a reatualização do texto pelo processo de leitura, independentemente do momento histórico em que ele foi produzido. Essa reatualização funde horizontes (os do autor com os do leitor), articula passado e presente em uma mesma perspectiva (a daquele que lê).

A leitura literária também oferece a esse leitor uma possibilidade de ampliação de sua visão de mundo. Como destaca Zilberman (1987, p. 79),

> A consideração do leitor avulta igualmente, quando se concebe que é por meio de sua atividade que a criação poética alcança seu fim: transmissão de um saber. Este decorre da representação da realidade, configurada de modo original, ou porque a forma convencional se desgastou ou porque as normas consagradas pela tradição e pela ideologia impedem que a percepção atinja a totalidade do real. De uma maneira ou de outra, impondo novos padrões ou suplantando a norma vigente, este saber é necessariamente emancipatório, concedendo ao processo de leitura uma legitimação de ordem existencial.

Assim, o leitor, em contato com a realidade representada de modo original por um texto literário, pode ter sua percepção do mundo e da sociedade que o cerca alterada. Por isso, podemos pensar que, quando a obra literária lida é vigorosa no sentido de romper com ideias e formas de escrita desgastadas, ela produz um efeito emancipatório no leitor. Ainda segundo Zilberman (1987, p. 79),

> O que o leitor oferece ao texto e o que o último lhe devolve: a revitalização do mundo ficcional em troca de um conhecimento que o posiciona mais adequadamente na sua circunstância. Consequentemente, a leitura enquanto tarefa de deciframento implica uma interpretação do texto e do modo escondido atrás dele, retornando o circuito para o sujeito, na medida em que isto significa uma liberação de preconceitos.

Sob essa perspectiva, o papel do leitor e os resultados do processo de leitura literária ganham dimensão importante no processo. Os aspectos transformadores que a interação produz fundamentam a importância de se estimular esse tipo de leitura. A escola assume para si grande responsabilidade nesse sentido, mas não basta reconhecermos que se deve estimular a leitura de textos literários; devemos estar conscientes dos ganhos para a formação integral do sujeito que o processo de leitura aí proporciona.

Atividades

1. Na atualidade, podemos observar que o termo *leitura* sofreu:
   a. uma perda de sentido.
   b. uma redução de sentido.
   c. uma ampliação de sentido.
   d. uma especificação de sentidos.

2. A atividade de leitura literária provoca no leitor:
   a. uma expansão de conhecimento que é resultante de uma integração entre imaginação e intelecto.
   b. uma evasão que resulta da intensa atividade de fantasia.
   c. uma alienação que se processa por meio da ativação da fantasia.
   d. um afastamento da realidade cotidiana em função dos elementos históricos do texto.

3. O conjunto de referências culturais de um sujeito somado às suas experiências individuais é, segundo Jauss, citado por Aguiar (2001), o que constitui:
   a. seu passado.
   b. suas crenças.
   c. seu horizonte de expectativa.
   d. seus preconceitos.

4. No que se refere às relações entre a literatura e as produções da mídia, tais como filmes e desenhos, a tendência atual é:
   a. colocar em relevo as vantagens oferecidas pela linguagem midiática.
   b. privilegiar exclusivamente a apresentação de textos literários na escola.
   c. substituir o texto literário por textos televisivos, mais atraentes para jovens e crianças.
   d. associar a linguagem literária e as linguagens da mídia.

5. A leitura literária, além de produzir uma ampliação das capacidades individuais do sujeito leitor, exerce uma:
   a. função social.
   b. função econômica.
   c. integração entre as classes sociais.
   d. normatização da língua.

(2)

Origem e problemáticas da literatura infantojuvenil

Mara Elisa Matos Pereira

A literatura infantojuvenil é formada por um conjunto de textos bastante variados, mas todos compartilham de uma característica que lhes é fundamental: a classificação desse gênero de textos é dada, em primeiro lugar, pelo público que deseja atingir. Como observa Zilberman (1987, p. 61),

> *Raramente algum tipo de arte se define pela modalidade de consumo que recebe. No âmbito da literatura, o elemento de ordem diferencial é atribuído à linguagem (poesia × prosa), aos modos de representação (narração x diálogo) ou ainda ao assunto: relato policial, romance de tese, tragédia. A originalidade dos textos para crianças advém do fato de que é a espécie de leitor que eles esperam atingir o que determina a sua inclusão no gênero designado como literatura infantil.*

A autora observa algo que é determinante para a construção do texto em todos os seus ângulos, desde a apresentação do livro até a escolha de temas, a construção da estrutura e a elaboração da linguagem. Não que a preocupação em atingir determinado público não exista em outros textos, mas, como diz Zilberman, no caso da literatura infantojuvenil, a especificidade do público é decisiva para a classificação dos textos e sua inclusão no terreno da literatura infantojuvenil.

Os outros elementos de ordem diferencial apontados pela autora, poesia *versus* prosa, narração *versus* diálogo e escolha de um assunto dominante, também fazem parte dos critérios que organizam os textos literários infantojuvenis em categorias, porém, hierarquicamente, aparecem depois do critério do público.

O destinatário *criança*, além de garantir a identificação do gênero literário em questão, também marca a origem da literatura infantojuvenil. Esse conjunto de textos só passou a existir a partir do momento em que, na sociedade europeia, foi criado o conceito de infância. Foi quando a criança passou a ser reconhecida como um ser em processo de desenvolvimento – marcado pela imaturidade e necessitando de cuidados e educação diferenciada –, que a literatura infantojuvenil ganhou forma.

(2.1) As origens históricas da literatura infantojuvenil[a]

Para conceituarmos a literatura infantojuvenil e compreendermos as primeiras características que marcaram os textos pertencentes ao gênero, não podemos deixar de observar que ela surge vinculada a um momento histórico específico. Podermos datar o surgimento de uma literatura é raro, mas, no caso da literatura infantojuvenil, a história nos permite fazê-lo.

Dissemos que o reconhecimento da criança como um ser que precisa de tratamento diferenciado é um fator importante para determinar o surgimento da literatura infantojuvenil, pois, no período histórico medieval, que antecede aquele em que ocorrem os fenômenos que estamos destacando, a criança não ocupava o lugar singular que depois veio a ocupar. Nos textos dedicados ao tema, encontramos referências como esta apontada por Zilberman (1987, p. 5):

> *Na sociedade antiga, não havia "infância": nenhum espaço separado do "mundo adulto". As crianças trabalhavam e viviam junto com os adultos, testemunhavam*

---

a. Esta seção foi elaborada com base nas obras de Zilberman *A literatura infantil na escola* (1998) e *Literatura infantil: autoritarismo e emancipação* (1987).

os processos naturais da existência (nascimento, morte, doença), participavam junto deles da vida pública (política), nas festas, guerras, audiências, execuções, etc., tendo assim seu lugar assegurado nas tradições culturais comuns: na narração de histórias, nos cantos, nos jogos.

O lugar social que a criança passou a ocupar na Idade Moderna é resultado de um processo de transformação mais amplo no tecido social europeu. Na Idade Média, havia uma estrutura social bastante rígida, caracterizada pela divisão e pela hierarquização das classes sociais, por uma estrutura de poder centrada na propriedade de terras e por um sistema de linhagens em que a família nuclear não tinha sentido. A formação da burguesia que começa no período medieval e vai ganhando força e corpo ao longo de alguns séculos é que vai determinar transformações importantes na configuração da sociedade moderna. Assim, de acordo com Zilberman (1987, p. 5),

A entidade designada como família moderna é um acontecimento do Século das Luzes. Os diferentes historiadores coincidem na afirmação de que foi ao redor de 1750 que se assistiu à complementação de um processo que principiou no final da Idade Média, com a decadência das linhagens e a desvalorização dos laços de parentesco, e culminou com a conformação de uma unidade familiar unicelular, amante da privacidade e voltada à preservação das ligações afetivas entre pais e filhos.

Essa nova configuração social é um dos elementos-chave nas grandes transformações do período histórico mencionado, e as relações sociais mudam substancialmente, bem como a constituição subjetiva dos indivíduos. Um novo sujeito emerge e ele é, em grande parte, resultado do estabelecimento de um modo de vida que antes não existia. Zilberman (1998, p. 44) detalha as transformações ocorridas na Idade Moderna que são cruciais para entendermos o processo de valorização do período da infância e os cuidados que a criança passa a receber então:

É a ascensão da ideologia burguesa a partir do século 18 que modifica esta situação: promovendo a distinção entre o setor privado e a vida pública, entre o mundo dos negócios e a família, provoca uma compartimentação na existência do indivíduo, tanto no âmbito horizontal, opondo casa e trabalho, como na vertical, separando a infância da idade adulta e relegando aquela à condição de etapa preparatória aos compromissos futuros.

Dentro desse cenário, vemos que a educação ganha um novo sentido e a pedagogia se constitui como terreno importante para arbitrar a respeito de como a criança pode ser mais bem cuidada e orientada no sentido de vir a se tornar um sujeito adulto adaptado às demandas sociais do período histórico em questão. Segundo Zilberman (1988, p. 44),

> *Promovendo a necessidade à formação pessoal de tipo profissionalizante, cognitivo e ético, a pedagogia encontra um lugar destacado no contexto da configuração e transmissão da ideologia burguesa. Dentro deste panorama é que emerge a literatura infantil, contribuindo para a preparação da elite cultural, através da reatualização do material literário oriundo de duas fontes distintas e contrapostas: a adaptação dos clássicos e dos contos de fada de proveniência folclórica.*

Como podemos observar, a literatura infantojuvenil surge estreitamente vinculada à tarefa pedagógica de formar o futuro cidadão para desempenhar adequadamente o papel social que lhe for destinado. O caráter formador da literatura é o que é valorizado nesse momento. É aquilo que ela tem para oferecer, do ponto de vista ideológico, que é considerado relevante.

No seu surgimento, a literatura infantojuvenil se configura com base em adaptações de material literário preexistente. Sejam os contos de fadas, provenientes da tradição oral, sejam os clássicos da literatura adulta, que ganham uma roupagem mais acessível ao público leitor mais jovem, o que importa é o potencial educativo do material selecionado e apresentado para, com a escola burguesa, garantir a boa formação dos pequenos.

As transformações sociais dão à escola uma função de grande importância, como salienta Zilberman (1987, p. 9):

> *O êxito do processo de privatização da família – maior na camada burguesa, menor entre os operários – gerou uma lacuna referente à socialização da criança. Se a configuração da família burguesa leva à valorização dos filhos e à diferenciação da infância enquanto faixa etária e estrato social, há concomitantemente, e por causa disto, um isolamento da criança, separando-a do mundo adulto e da realidade exterior. Nesta medida, a escola adquirirá nova significação, ao tornar-se o traço de união entre os meninos e o mundo, restabelecendo a unidade perdida.*

Como elo entre a criança e o mundo, fica a encargo da escola apresentar o mundo de forma filtrada, selecionando os aspectos considerados adequados a um sujeito em formação. Além disso, cabe à escola dizer à criança como esta deve se portar neste mundo e o que a sociedade adulta espera que ela se torne.

É dentro desse contexto social que surgem os primeiros textos de literatura infantojuvenil. Como produto de adaptações das fontes do folclore (narrativas e poesias) e de adaptações de textos da literatura adulta, o gênero chama para si o caráter literário, mas, como produto de um interesse pedagógico, ele assume um caráter predominantemente educativo. Assim, as primeiras manifestações literárias infantojuvenis foram muito mais alvo da atenção de pedagogos do que de estudiosos da literatura. Apenas posteriormente é que os estudiosos do campo literário passaram a considerar o conjunto de textos destinado à infância como objeto de estudo. A partir de então, voltaram-se para esse primeiro material produzido a fim de estudá-lo também.

Na contemporaneidade, embora reconhecendo o alto potencial pedagógico da literatura infantojuvenil, teóricos e críticos literários não deixam de considerar como objeto de suas análises esse gênero de textos, e a produção de pesquisas e críticas na área é numerosa.

A inclusão, nas últimas décadas, do estudo da literatura infantojuvenil em disciplina específica nos cursos de licenciatura em Letras no Brasil é um exemplo do interesse pelo gênero. Zilberman (1998, p. 26) explica:

> *A valorização da literatura infantil enquanto propiciadora de uma visão da realidade, executando, portanto, a função representativa própria à arte ficcional, determinou sua ascensão ao plano dos currículos de 3º grau. Concebida originalmente como objeto exclusivo das crianças, passou a receber um status científico, no momento em que se percebeu que não apenas era produzida pelos adultos, mas, como se viu, manipulada por eles, tendo em vista a dominação da infância. Todavia, esta integração ao âmbito universitário só é eficaz quando vem acompanhada de uma reflexão, de um lado, sobre a organização interna da disciplina ou dos cursos a ela ligados, a fim de instrumentalizá-la para o enfrentamento das dificuldades que assolam o trabalho com as crianças e os produtos culturais a elas dirigidos.*

Esse texto de Zilberman, publicado pela primeira vez em 1981, refere-se à importância de se instrumentalizar o professor de ensino fundamental para o trabalho com a literatura infantojuvenil na escola. Primeiro foi necessário o reconhecimento de que os textos destinados às crianças também pertenciam ao terreno da arte literária e que, tendo, muitas vezes, sua forma artística prejudicada por intenções extraliterárias de doutrinação e dominação da infância, necessitavam passar por uma apreciação analítica, a fim de que seu papel como produto cultural destinado à criança pudesse ser mais bem avaliado.

(2.2) Pedagogia *versus* arte literária

Uma das questões que acompanham a literatura infantojuvenil desde a sua origem pode ser apresentada sinteticamente pela tensão entre pedagogia e arte literária. Vimos que o surgimento desse gênero está vinculado à preocupação pedagógica com a formação das crianças e a sua preparação para o futuro. Os educadores logo tomaram os textos literários infantojuvenis como aliados importantes para a subjetivação das crianças. Mas o caráter formador da literatura já havia sido observado antes do surgimento desses textos. O debate é antigo. Coelho (2000, p. 46) observa que, desde a Antiguidade Clássica,

> se discute a natureza da própria literatura ("utile" ou "dulce"? isto é, didática ou lúdica?) e, na mesma linha, se põe em questão a finalidade da literatura aos pequenos. "Instruir" ou "divertir"? Eis o problema que está longe de ser resolvido. As opiniões divergem e em certas épocas se radicalizam.

Nessa citação, vemos explicitada a tensão que motiva o debate a respeito da finalidade da literatura infantojuvenil. O texto literário deve se preocupar com a educação do sujeito e se dedicar a lhe fornecer padrões de comportamento, valores e opiniões divergentes. No caso dos textos destinados às crianças e aos jovens, o que se observa ao longo da história é uma tendência a dar preferência ao viés pedagógico em detrimento do viés estético, embora a literatura contemporânea busque fugir do pedagogismo redutor que predominou, no caso do Brasil, até a década de 1960.

Coelho (2000, p. 46) segue sua exposição a respeito do dilema enfrentado pelos escritores infantojuvenis em geral, observando, ainda, que:

> Conforme toda a criação com a linguagem, cabe-lhe uma opção entre o assumir da natureza iminentemente renovadora ou a conformação com modelos estéticos e sociais vigentes, transmutando-se em porta-voz de noções previamente estabelecidas. Com efeito, a caracterização da obra literária evidencia o dilema da literatura infantil. Se esta quer ser literatura, precisa se integrar ao projeto desafiador próprio a todo o fenômeno artístico. Nesta medida, deverá ser interrogadora das normas em circulação, impulsionando seu leitor a uma postura crítica perante a realidade e dando margem à efetivação dos propósitos da leitura enquanto habilidade humana. Caso contrário, transformar-se-á em objeto pedagógico, transmitindo ao seu recebedor convenções instituídas, em vez de estimular a um conhecimento da circunstância humana que adotou tais padrões. Debatendo-se entre ser arte ou ser veículo de doutrinação, a literatura infantil revela sua natureza; e sua evolução e progresso decorrem de sua inclinação à arte, absorvendo, ainda que lentamente, as contribuições da vanguarda, como se pode constatar no exame da produção brasileira mais recente.

Como podemos observar, a autora enfatiza a importância de essa literatura assumir seu caráter artístico não só no que se refere à seleção e à abordagem temática, mas também ao apresentar uma constante renovação de modelo estético, ousando nos recursos formais e confiando na capacidade do leitor infantojuvenil de se apropriar de textos mais vigorosos e inovadores, capazes de produzir questionamento e gerar reflexão e posicionamento crítico. Textos desse tipo acreditam que crianças e jovens são seres capazes de desenvolver um pensamento autônomo.

Como dissemos, a literatura infantojuvenil durante muito tempo se limitou a repetir padrões de criação estética conservadores que garantiriam uma estabilidade formal e colocariam em primeiro plano a transmissão de valores. Mesmo hoje encontramos textos construídos com base na determinação de um tema a ser abordado. É comum encontrarmos coleções que lançam mão da literatura para abordar determinadas questões, como morte, separação dos pais, preconceito racial etc. O problema não está em tratar dessas questões; o que fere o caráter artístico do texto é colocá-lo, por antecipação, atrelado a objetivos extraliterários e condicionar a produção artística à concretização desses objetivos.

A perda da força artística a favor do viés pedagógico fez com que, durante muito tempo, a literatura infantojuvenil fosse considerada um gênero menor e, por isso, desprezada por teóricos e críticos literários. Por causa disso, também os escritores que se dedicavam a esse tipo de produção não eram muito valorizados. Na contemporaneidade, podemos observar uma grande mudança tanto no que se refere à valorização dos escritores quanto no que se refere à inclusão da literatura infantojuvenil no terreno de estudos da área de letras.

(2.3) Realista ou fantasista

Durante algum tempo, a literatura infantojuvenil foi sinônimo de conto de fadas, pois foi ele o primeiro material considerado apropriado para o leitor dessa faixa etária. As adaptações realizadas por Charles Perrault figuram como o primeiro grupo de textos com essa finalidade. Os escritores que seguiram os passos do autor francês continuaram adaptando das fontes folclóricas os contos em que o elemento principal era a presença do maravilhoso.

Dessa forma, a literatura infantojuvenil está muito marcada ainda hoje pelo caráter maravilhoso. As pessoas esperam encontrar nos textos infantojuvenis a presença de seres sobrenaturais, tais como fadas e bruxas, dragões e gigantes, assim como ações impossíveis de serem realizadas na realidade. Porém, isso não significa que a literatura infantojuvenil seja constituída apenas desse tipo de texto. As produções realistas também fazem parte do gênero. Muitas optam por se afastar do maravilhoso, apoiando-se na ideia de que esse tipo de recurso estimula em excesso a fantasia infantil e gera um afastamento da realidade. Tal argumento funda certo tipo de texto empenhado em explicar o mundo para a criança e habilitá-la para se adaptar a ele. A intenção parece boa, mas esquece que a fantasia é um poderoso recurso psíquico que pode auxiliar o sujeito na relação com o mundo real. Gillig (1999, p. 65-66) fala a respeito do ponto de vista que afirma a necessidade de apresentarmos para as crianças textos livres do ingrediente maravilhoso:

> A questão de saber se o conto maravilhoso é educativo ou não, se é um impedimento à construção do real na criança e se assim não está lhe ensinando mentiras não está ainda solucionada hoje. A. Brauner, um dos primeiros autores a ter escrito sobre literatura infantojuvenil, por volta de 1950, sustenta, em seu livro "Nos livres d'enfant ont menti" ("Nossos livros infantis mentiram"), que os livros de contos de fadas contam mentiras às criança e criam nelas maus hábitos. Ele os desaconselha formalmente aos pais e aos educadores preocupados em evitar os erros de pensamento da juventude e desejoso de levá-la a fortalecer o sentido do esforço. "Não se espantem, diz ele, se as crianças depositarem sua esperança mais na ajuda de uma boa fada do que em seu próprio esforço" [...]. Esse autor não renega o recurso à poesia e ao imaginário, mas sua concepção do maravilhoso é fundada no racional e no sensível: as flores, os animais, o sol, as estrelas e outras "coisas naturais" formam, segundo ele, os assuntos essenciais do maravilhoso infantil [...].

Embora o posicionamento de Brauner contra a literatura maravilhosa seja da década de 1950, ainda hoje verificamos a presença de textos centrados em uma visão estritamente racional da realidade, que exclui aspectos simbólicos dos textos infantojuvenis.

Mas existem textos realistas que não seguem essa linha adaptativa. Na atualidade, os textos realistas infantojuvenis estão mais interessados em instigar o sujeito a refletir sobre questões sociais que fazem parte de seu mundo e buscam instigar a consciência crítica do leitor. Coelho (2000, p. 51) coloca a questão realismo *versus* maravilhoso da seguinte forma:

> Questão que, de tempos em tempos, volta a provocar discussões e dividir opiniões é a validade, maior ou menor, de cada uma das formas básicas da literatura infantil: o ideal para os pequenos leitores seria a literatura realista? Ou a fantasista?
>
> A verdade é que esse problema se coloca também para a literatura em geral e, conforme a época, uma ou outra dessas duas formas (realismo ou imaginário) acabam por predominar no "ato criador" ou no gosto do público. Tal predomínio, evidentemente, não se dá por acaso, mas resulta de uma série de causas interdependentes e complexas que, aqui, não cabe analisar.

Podemos observar que Coelho não circunscreve a questão apenas à literatura infantojuvenil e entende que optar por uma ou outra tendência também é uma escolha da literatura em geral. Assim, textos adultos também fazem essa escolha, que é produto de uma série de causas. A autora (2000, p. 52) acrescenta ainda:

> é importante notar que a atração de um autor pelo "registro realista" do mundo à sua volta ou pelo "registro fantasista" resulta de sua intencionalidade criadora: ora "testemunhar a realidade" (o mundo, a vida real...) "representando-a" diretamente pelo "processo mimético" (pela imitação fiel), ora "descobrir o outro lado" dessa mesma realidade, o não imediatamente visível ou conhecido – transfigurando-a pelo "processo metafórico" (representação figurada). Nesse caso, a matéria literária identifica-se não com a "realidade concreta", mas com a "realidade imaginada", com o sonho e a fantasia, o imaginário, o desconhecido.

Assim, ambas as produções falam da realidade humana, porém optam por processos de comunicação diferenciados. Na opinião da autora, uma tendência não é melhor que a outra – o que importa é como a obra literária se configura, independentemente de sua opção pelo realismo ou pelo maravilhoso, ou até pela fusão de um com outro.

Todas as questões que abordamos ao longo deste capítulo constituem a base da literatura infantojuvenil. São problemáticas que moldaram o conjunto de textos pertencentes ao gênero e com as quais todo professor deve lidar no momento que entra em contato com o acervo que precisa conhecer a fim de selecionar os textos a apresentar a seus alunos. Conhecer a história da literatura infantojuvenil e seus principais dilemas e tendências permite a construção de um trabalho de mediação de leitura mais fundamentado e com maiores chances de ser bem sucedido.

Muito do que o professor desenvolve em sala de aula com seus alunos é resultado do modo como ele mesmo entrou em contato com o material literário infantojuvenil e da maneira como ele concebe a natureza desse material e as funções desempenhadas por ele na formação dos alunos.

Atividades

1. Segundo Zilberman (1987), um critério decisivo para a classificação de um texto literário como pertencente à literatura infantojuvenil é:
   a. a presença de ilustrações.
   b. a especificidade do público leitor.
   c. a ausência de enredos simplificados.
   d. a presença de linguagem poética.

2. O surgimento da literatura infantojuvenil está diretamente ligado:
   a. ao fim da Antiguidade Clássica.
   b. ao fortalecimento do cristianismo.
   c. à ascensão da família burguesa.
   d. ao fortalecimento do sistema de linhagem e clientela.

3. Como a literatura infantojuvenil surgiu ligada a um projeto social específico e com a missão de auxiliar no processo de educação das crianças, os primeiros textos destinados ao público infantojuvenil são marcados:
   a. por um forte viés pedagógico.
   b. por mensagens de cunho religioso.
   c. pela constante presença do maravilhoso.
   d. pela constante presença do realismo.

4. Um dos argumentos apresentados por aqueles que defendem a exclusão do elemento maravilhoso da literatura infantojuvenil é que este poderia:
   a. causar danos morais à criança.
   b. estimular a evasão, desconectando a criança de sua realidade.
   c. prejudicar o desenvolvimento cognitivo infantil.
   d. causar confusão em relação a comportamentos considerados inadequados.

5. O forte comprometimento da literatura infantojuvenil com a educação fez com que, do ponto de vista literário, ela fosse considerada por críticos literários:
   a. um gênero menor.
   b. uma modalidade literária ideal.
   c. completamente descartável.
   d. uma referência para a literatura adulta.

(3)

A construção dos textos infantojuvenis: assimetria e adaptação

Mara Elisa Matos Pereira

Neste capítulo, apresentaremos dois conceitos de grande importância para o estudo da literatura infantojuvenil: assimetria e adaptação. Assim como as questões abordadas no capítulo anterior, eles dão conta de aspectos essenciais do conjunto de textos em questão. Para o professor, ocupado com a mediação de leitura, é de fundamental importância dominá-los e tê-los sempre presentes ao analisar e escolher textos que serão apresentados aos seus alunos. A esse domínio soma-se a necessidade de um conhecimento dos aspectos constitutivos do texto literário: temática, estrutura e linguagem. Isso significa que o professor deve ser capaz de desenvolver a análise literária, tanto de textos poéticos quanto de textos narrativos. Só assim ele será capaz de observar as questões relativas à assimetria e ao processo de adaptação.

(3.1) Assimetria: desigualdade no processo de comunicação

Falamos anteriormente da importância de compreendermos a leitura como um processo dialógico estabelecido entre leitor e texto. Essa concepção enfatiza a intensa troca que se pode estabelecer quando o encontro entre os dois ocorre. Concebendo a leitura dessa forma, não podemos deixar de considerar o tipo de relação que se instaura entre os dois elementos envolvidos no processo de comunicação e o lugar que cada um deles ocupa.

Devemos, então, avaliar se texto e leitor estão em posição de igualdade ou se estão separados por algum desnível em que um está em um patamar superior em relação ao outro. A presença da assimetria precisa ser avaliada em todas as situações de comunicação. Quando um dos agentes do processo de comunicação se encontra em situação de desvantagem em relação ao outro, a assimetria está presente.

Muitas são as situações de comunicação em que a assimetria está presente, pois estas são permeadas pelas relações de poder. Aquele que tem a vantagem no processo acaba por exercer poder sobre o outro, e este último pode assumir uma posição passiva ou rebelar-se.

No caso da literatura infantojuvenil, é necessário considerar a presença da assimetria como algo constitutivo do texto. Zilberman (1987, p. 18), ao falar da questão, cita Lypp:

> *A particularidade mais geral e fundamental deste processo de comunicação é a desigualdade dos comunicadores, estando de um lado o autor adulto e de outro o leitor infantil. Ela diz respeito à situação linguística, cognitiva, ao status social, para mencionar os pressupostos mais importantes da desigualdade. O emissor deve desejar conscientemente a demolição da distância preexistente, para avançar na direção do recebedor.*

No fragmento em questão, temos em destaque as diferenças inerentes ao processo, resultantes do fato de que no terreno da produção temos um autor adulto e no terreno da recepção temos um leitor criança. A distância entre um e outro está diretamente ligada à fase da vida em que cada um se encontra. O número de vivências que o adulto acumulou durante sua vida é maior do que o da criança. Além de ter vivido mais e, consequentemente, ter um conhecimento da realidade maior, o adulto é mais experiente do ponto de vista do uso da linguagem. Temos de considerar, ainda, o lugar social vantajoso que ele ocupa em relação à criança ou ao adolescente, geralmente orientando ou determinando o rumo a ser seguido por estes.

Em vista de todos os aspectos apontados, podemos verificar o quanto a relação assimétrica pode marcar o processo de comunicação que se estabelece entre texto e leitor, na literatura infantojuvenil. Zilberman (1987, p. 18) diz, ainda, ao tratar sobre esse tema:

> *fatores de produção vinculados todos ao adulto, responsável por um circuito que se estende da criação das histórias [...] culminando com o consumo, controlado sobretudo por pais e professores. Em vista disso a criança participa apenas colateralmente nesta sequência, o que assinala a assimetria congênita aos livros a ela destinados.*

Assim, a participação da criança em todo o processo é bastante limitada. Por tudo isso é que se considera a assimetria como congênita ao texto infantojuvenil. Durante muito tempo, pelo caráter predominantemente pedagógico do gênero, essa assimetria foi reforçada. A prescrição de valores e normas de comportamento fazia dos textos infantojuvenis um discurso bastante fechado que reforçava o papel passivo da criança no processo de leitura. Podemos observar, ao longo da evolução do gênero, autores que fugiram ao esquema tradicional e buscaram uma aproximação maior com seu leitor. Na literatura infantojuvenil contemporânea, essa atitude é uma forte tendência.

Como a assimetria é congênita, é necessário um empenho, por parte do escritor adulto, para que a distância entre o polo da produção e o polo da recepção seja reduzida. Quanto mais próximo do universo infantil o autor conseguir chegar, mais chance ele tem de tornar o seu discurso simétrico. Na literatura infantojuvenil, assim como em outras modalidades discursivas, a concepção que o emissor tem de seu receptor orienta a produção da enunciação. Assim, de acordo com Aguiar (2001, p. 62),

> *a literatura infantil é um gênero literário que fica à mercê da imagem que o autor tem do público que o consome. Depende, pois, do conhecimento que o adulto possui da criança em suas diferentes fases e do projeto que ele traça para esse sujeito em formação. Como o leitor é um indivíduo com características muito específicas, ele é invocado quando da comercialização do livro, mas já se faz presente no momento de criação da obra.*

Gostaríamos de destacar dois pontos importantes da citação anterior. Primeiro, a produção do texto infantojuvenil é bastante determinada pela visão que o autor tem de seu público e isso significa o conhecimento que ele tem do processo de desenvolvimento da criança e do adolescente, incluindo aí tanto os aspectos físicos, cognitivos e emocionais quanto os aspectos ambientais, tais como hábitos culturais. Segundo, a produção literária é também bastante determinada por aquilo que o autor entende que deve oferecer a seu leitor do ponto de vista ideológico, isto é, de que forma ele acredita que seu discurso deve contribuir para a formação deste sujeito criança ou adolescente. Entramos aí, novamente, no viés pedagógico, que costura, de uma forma ou de outra, o discurso literário infantojuvenil.

A quebra ou a redução da assimetria entre texto e leitor fica na dependência dos esforços do escritor adulto de apresentar seu texto o mais possível solidário ao universo infantojuvenil. Ele já não pode ver o mundo como uma criança ou um adolescente, mas, pela rememoração de suas próprias experiências e pela empatia com crianças e adolescentes que estão ao seu redor, pode buscar construir uma visão mais próxima do universo ao qual seu discurso se dirige. Na contemporaneidade, vemos muitos autores empenhados nesse esforço, realizando produções com um grau de simetria bastante significativo.

Segundo Coelho (2000, p. 151), são autores empenhados em produzir textos que traduzam a intenção de

> *estimular a consciência crítica do leitor, levá-lo a desenvolver sua própria expressividade verbal ou sua criatividade latente; dinamizar sua capacidade de observação e reflexão em face do mundo que o rodeia; e torná-lo consciente da complexa realidade em transformação que é a sociedade, em que ele deve atuar quando chegar a sua vez de participar ativamente do processo em curso.*

O fragmento citado refere-se a textos infantojuvenis que estão empenhados em romper com a atitude conservadora que tanto insiste em se manter presente nas produções literárias infantojuvenis. Como podemos observar, essa produção parte de uma visão que aposta no potencial do leitor infantojuvenil e acredita que ele é capaz de desenvolver uma leitura ativa, simultaneamente criativa e reflexiva.

Um discurso simétrico é construído com base em uma série de estratégias empregadas pelo autor de literatura infantojuvenil. Abordaremos agora tais estratégias e o processo de adaptação que delas resulta.

(3.2) Adaptação

Observamos anteriormente que a distância entre o autor adulto e o leitor infantojuvenil se estabelece em função do lugar que cada um ocupa, seja no que diz respeito a aspectos do desenvolvimento físico e mental do ser humano, seja pela quantidade de experiências de vida acumuladas, seja pelo lugar social. Adultos estão à frente por uma questão, sobretudo, temporal. Daí advém a razão de mencionarmos o fato de os problemas de assimetria do texto literário infantojuvenil serem congênitos.

A redução da distância entre autor adulto e leitor infantojuvenil depende das estratégias adotadas pelo primeiro no que refere à construção de seu discurso literário. O autor deve adaptá-lo para que a recepção do texto seja bem sucedida. Esse processo de adaptação é semelhante ao que fazemos quando nos dirigimos, principalmente, a crianças muito pequenas. Sabemos que devemos conduzir nossa fala de modo especial para que elas nos compreendam.

A condução do processo de adaptação na construção de textos infantojuvenis parte de um princípio semelhante. Considerando que no polo da recepção temos um leitor com características específicas, o autor se vê envolvido no desafio de construir um discurso acessível e também atraente para aquele público.

Um estudo mais detalhado do processo de adaptação nos mostra que esse discurso se constrói com a observação de diversos ângulos[a]; vamos, então, conhecê-los.

Adaptação do assunto

Quando falamos de adaptação do assunto, estamos abordando a questão da escolha de temas a serem tratados nos textos infantojuvenis. Quais os temas que um autor pode escolher quando escreve para uma criança ou para um adolescente? Seriam aqueles que são do interesse do público leitor ou aqueles que os adultos julgam adequados e necessários para uma boa formação? Em princípio, parece claro que o ideal é escolher temas que sejam atraentes para aquele que irá ler o texto, mas a tendência a transformar a literatura em instrumento de educação, muitas vezes, limita a escolha de temas, circunscrevendo-a apenas àqueles considerados menos problemáticos. Quando lidamos com literatura infantojuvenil, vemos que nossa sociedade tende a identificar uma série de temas como inadequados e, até mesmo, proibidos.

A existência de temas que são realmente proibidos de serem abordados em textos infantojuvenis ou a necessidade de o autor, ao excluir determinado assunto, pautar-se apenas pela complexidade da abordagem não é um dilema totalmente solucionado. A literatura infantojuvenil contemporânea tem ousado e explorado temas antes completamente excluídos. A dificuldade não se encontra apenas na escolha desses assuntos, mas na forma de apresentá-los e explorá-los nos textos.

---

a. Os ângulos da adaptação aqui apresentados são baseados em Zilberman (1998).

Adaptação da forma

A exploração da temática nos leva a questões referentes à corporeidade do texto literário. É na forma de texto escrito que a literatura infantojuvenil chega ao leitor. A adaptação deve, então, lidar também com escolhas quanto à construção formal do texto. Quanto à organização da estrutura textual, o autor precisa considerar as condições cognitivas do leitor.

Por exemplo: em uma narrativa que possui como elementos estruturais enredo, personagens, tempo e espaço apresentados por um narrador, o autor deve observar a articulação destes na trama estrutural. Quanto menor for a criança, mais a estrutura narrativa precisa ser simples e reduzida, isto é, apresentar uma história curta, linear, com poucos personagens, tempo e espaço restritos e narrador em terceira pessoa. À medida que o texto procura atingir leitores mais velhos, essa estrutura pode se ampliar e se tornar mais complexa.

No caso da poesia, os textos direcionados a crianças pequenas buscam dar ênfase a aspectos sonoros, tais como ritmo marcado e presença de rimas. Com leitores maiores, o texto poético pode ousar mais na construção de imagens e na abertura de lacunas que sejam desafiadoras para o jovem leitor.

Adaptação do estilo

Além da construção do texto no que refere à sua estrutura, o processo de adaptação observa também questões relativas à linguagem empregada no texto. Entram aí tanto a escolha do vocabulário quanto a articulação textual do ponto de vista sintático e da constituição semântica. Aspectos de coesão e coerência macroestruturais também fazem parte desse ângulo.

Observamos, na atualidade, uma preferência pelo tom oral e coloquial tanto nos textos dirigidos a crianças quanto nos dirigidos a adolescentes. Tal tendência está diretamente relacionada à redução da assimetria.

Adaptação do meio

Por fim, o texto infantojuvenil lança mão de recursos gráficos e de ilustrações para atrair o leitor. Sabemos que tais recursos são de grande importância para a configuração do texto. Para crianças pequenas, eles são fundamentais para a compreensão da parte verbal da obra. Além disso, não podemos deixar de lembrar aqueles livros que são exclusivamente construídos com base em imagens.

As estratégias empregadas pelo autor em cada um dos ângulos citados é que vão determinar o caminho seguido pelo processo de adaptação final e seu resultado. Os desafios e os riscos são muitos. O autor pode não conseguir romper com a assimetria ou, por outro lado, na tentativa de fazê-lo, acabar oferecendo um texto pouco instigante para o leitor infantojuvenil.

(3.3) Textos adaptados

Até agora, falamos a respeito do processo de adaptação no que se refere à criação de um texto infantojuvenil. No momento da produção, o autor literário se vê envolvido com as questões inerentes ao processo de adaptação e deve de alguma forma solucioná-las, conferindo forma ao seu texto nos diferentes ângulos citados. Mas esse trabalho de adaptação diz respeito a uma parcela da produção infantojuvenil, isto é, quando falamos em adaptação, podemos nos referir a outros tipos de produção pertencentes ao gênero.

A adaptação das fontes orais

Já mencionamos, no capítulo anterior, que o material literário que deu origem à literatura infantojuvenil é resultante de um processo de adaptação fruto da fixação em texto escrito de produções orais, sejam elas narrativas, sejam elas poesias. Os contos de fadas e as lendas são exemplos do primeiro grupo; as cantigas de roda e as parlendas são exemplos do segundo.

A literatura infantojuvenil bebeu com bastante frequência nas fontes folclóricas de várias culturas, e o material resultante exerce, ainda hoje, uma grande atração sobre o leitor infantojuvenil. Por isso, é comum que as pessoas tratem esse tipo de adaptação, em especial o conto de fadas, como sinônimo de *literatura para crianças*.

A adaptação de textos da literatura adulta

Outro tipo importante de adaptação é aquele que resulta de um processo de adaptação de textos originariamente escritos para adultos. São obras que passam por uma transformação no sentido de torná-las mais acessíveis ao público infantojuvenil. Os textos selecionados para sofrer esse tipo de adaptação geralmente são considerados clássicos da literatura adulta.

O objetivo nesse tipo de trabalho é apresentar ao público infantojuvenil textos que, devido à sua complexidade, só poderiam ser lidos em sua versão integral, quando esses leitores se tornassem adultos. Assim, uma criança pode ler versos adaptados das duas grandes epopeias escritas por Homero, *Ilíada* e *Odisseia*, muito antes de ser capaz de compreender as versões integrais desses textos. A ideia-chave é seduzir o leitor infantojuvenil e fazê-lo desejar conhecer o texto adulto, quando for suficientemente maduro para isso.

Muitos são os títulos oferecidos pelo mercado editorial nesse caso. Além dos grandes escritores gregos da Antiguidade, podemos citar a produção dramática de William Shakespeare e *Dom Quixote*, de Miguel de Cervantes, entre outros. Na literatura nacional, podemos mencionar a adaptação de algumas obras de Machado de Assis, tais como *Dom Casmurro* e *Memórias Póstumas de Brás Cubas*.

Outros tipos de adaptação

Além das adaptações aqui apresentadas, que representam uma parcela da literatura infantojuvenil, podemos falar de outras que transformam textos literários em outro tipo de registro discursivo, como é o caso de filmes e desenhos animados que são produzidos com base em um texto literário, ou, ainda, de histórias em quadrinhos e jogos de computador que também se baseiam em material literário. Essas produções abrem uma excelente perspectiva de trabalho em que uma diversidade de leituras pode ser realizada.

O processo de adaptação, seja de texto verbal para texto verbal, como a fixação de narrativas orais, seja de texto verbal para outro tipo de texto, como os filmes baseados em obras literárias, sempre lida com os mesmos ângulos apresentados anteriormente. Por isso, no momento em que analisamos uma obra para apresentar ao público infantojuvenil, devemos estar aptos para avaliar como cada um dos ângulos está configurado e qual imagem é projetada ao leitor pelo texto, com base na configuração dos ângulos da adaptação.

Atividades

1. A relação assimétrica entre texto infantojuvenil e leitor infantojuvenil revela:
    a. uma posição de igualdade entre os dois elementos envolvidos no processo de comunicação.
    b. uma posição de desigualdade entre os dois elementos envolvidos no processo de comunicação.
    c. uma posição de superioridade por parte do leitor infantojuvenil.
    d. um desinteresse por parte do texto infantojuvenil.

2. Quando um autor literário que se dedica a produzir textos infantojuvenis está interessado em tornar o seu discurso o mais próximo possível do seu leitor, ele deve estar atento ao processo de:
   a. adaptação.
   b. simetria.
   c. empatia.
   d. doutrinação.

3. Quando um autor define determinado tema a ser abordado por ele em uma obra literária infantojuvenil, ele decide sobre a adaptação do(a):
   a. meio.
   b. estilo.
   c. assunto.
   d. forma.

4. As decisões a respeito da estrutura de uma narrativa literária, no que se refere à construção de um enredo, referem-se à adaptação:
   a. do estilo.
   b. da forma.
   c. do meio.
   d. do assunto.

5. Uma das propostas das adaptações de textos clássicos adultos para literatura infantojuvenil é:
   a. substituir versões antigas por outras mais modernas.
   b. apresentar versões mais simples desses textos.
   c. exaltar as obras do passado.
   d. garantir o aprendizado da língua-padrão.

(<u>4</u>)

Seleção de textos e mediação escolar

Mara Elisa Matos Pereira

Neste capítulo, trataremos de aspectos referentes à seleção de textos para a apresentação em sala de aula. Vimos anteriormente que o professor é um importante mediador de leitura e desempenha um papel fundamental na formação de jovens leitores. Muitas vezes, é na escola que a criança realiza os primeiros contatos com o texto literário. Outras vezes, mesmo que a família já desempenhe essa mediação, a escola a amplia e dá continuidade ao que os cuidadores da criança fazem em casa.

Sabemos também que a mediação realizada pela escola pode funcionar de duas maneiras. Por um lado, se ela for adequada no que se refere à seleção de textos literários e atraente no que diz respeito à abordagem dada a esses textos em atividades escolares, pode ser fundamental para a construção de uma identidade de leitor literário para os alunos envolvidos no processo. Por outro, se as escolhas de texto forem mal realizadas e as atividades que o envolverem desinteressantes, redutoras ou rígidas, a mediação escolar acabará assumindo um caráter negativo, exercendo um estímulo contrário e criando uma rejeição em relação à leitura literária.

(4.1) Critérios de seleção de textos

Antes de tudo, é importante enfatizar que qualquer trabalho envolvendo leitura literária não deve ser desenvolvido aleatoriamente. A construção de um projeto em que haja, além das etapas de planejamento necessárias, a garantia de uma continuidade nas atividades e um encadeamento entre os textos apresentados é importante para que a mediação de leitura assuma um caráter positivo.

A construção do projeto resulta das concepções que o professor carrega consigo a respeito do que é a literatura e da importância que exerce sobre o sujeito. O reconhecimento dessa importância faz com que o professor se engaje e assuma o desafio de contribuir para a formação de leitores literários. Geralmente, projetos de leitura que são impostos aos professores e com os quais eles não se identificam enfrentam problemas quanto à sua execução. Mas, se o educador é um leitor literário e reconhece a importância da literatura na vida das pessoas, ele imprime à realização do projeto uma força que lhe garante grandes chances de ser bem sucedido.

O entusiasmo do educador é importante, bem como a disposição de organizar uma proposta com base no estabelecimento de tema, objetivos e abordagem metodológica, mas tudo isso depende de um conhecimento prévio do acervo de literatura infantojuvenil e da capacidade de analisar os textos literários, para que seja possível avaliá-los em todos os ângulos de sua construção (tema, estrutura, linguagem, recursos gráficos e ilustrações).

É esse conhecimento que irá permitir uma escolha de textos bem-sucedida. Qualquer projeto de leitura literária realizado na escola deve levar em consideração a seleção de material de leitura, e essa tarefa não é simples. Existe uma série de critérios que o professor deve observar antes de selecionar o material de leitura a ser apresentado aos seus alunos.

Já falamos da necessidade de se conhecer bem o horizonte de expectativa do grupo envolvido no projeto. É de extrema importância que o professor saiba quem é seu aluno, tanto do ponto de vista de sua competência de leitura quanto do ponto de vista de sua cultura, de seus gostos e de suas preferências. Dificilmente um projeto de leitura literária pode se constituir com sucesso sem o conhecimento do grupo com que se quer trabalhar.

Como afirmam Zinani e Santos (2004, p. 71),

> O estabelecimento de uma pedagogia da leitura necessita passar por algumas etapas: primeiramente, o professor precisa saber quem é seu aluno, para tanto deve indagar sobre seu ambiente familiar, o tipo de leitura preferida, frequência com que lê, autores favoritos, como vê a poesia (pode ser através de letras de música), como gostaria que fossem suas aulas de literatura, que relação percebe entre livros, leitura e literatura, entre outros aspectos que possa considerar relevantes.

Os dois estudiosos destacam a necessidade da realização de uma sondagem antes da elaboração do projeto de leitura literária. Somente o conhecimento das condições em que se encontram os alunos em relação à leitura literária pode oferecer a orientação necessária para os passos seguintes. É lógico que nem sempre temos alunos que já possuem frequência de leitura e que têm leituras e autores preferidos. É comum até que tenhamos de começar quase que do ponto zero.

Aguiar (2001, p. 139) também salienta a importância desse conhecimento prévio:

> outros fatores também interferem nas preferências literárias da infância: são as condições ambientais, os apelos de outros produtos culturais (como programas de televisão, por exemplo), a educação diferenciada para meninos e meninas, o acesso a uma diversidade de materiais de leitura, os modelos de leitor/não leitor com que a criança convive, a tradição oral da sua comunidade, entre outros.

A autora chama a atenção para outros pontos que devem ser considerados antes que a seleção de material aconteça. Saber a respeito das condições de vida dos alunos, do contato que mantêm com os diversos tipos de produto cultural dirigido ao público infantojuvenil (desenhos, filmes, história em quadrinhos etc.) também é importante. Todo esse conhecimento daquilo que chamamos anteriormente de *horizontes de expectativa* permite que o projeto de leitura possa ser construído conforme com o público envolvido.

Selecionar textos literários que estejam de acordo com o interesse dos alunos e com a capacidade de leitura revelada por eles é fundamental, mas o professor deve pensar também na continuidade do processo, pois, segundo Ramos (2004, p. 111),

> um mediador de leitura não deve oferecer apenas o texto que os alunos gostem de decifrar sozinhos. Essas obras, ou seleção de textos, são iscas que conduzem a outros temas ou outras propostas formais. O educador parte dos interesses da clientela e articula ações de modo a dinamizar a abordagem do texto, do próximo ao distante, tanto no tempo quanto no espaço. Utilizando obras que empregam uma linguagem atual,

familiar pelos recursos estilísticos e pela temática, personagens delineados, problemas conhecidos, soluções possíveis, estabelece-se o processo de sedução. Posteriormente, propõem-se aos alunos novas obras, rompendo com a acomodação exigindo uma postura, fundada na reflexão crítica, que promove a expansão das vivências culturais e existenciais dos sujeitos-leitores.

Observamos, então, que não devemos nos limitar à primeira etapa do processo, pois limitaríamos a formação do sujeito leitor. Para que essa formação se amplie, é necessária a experimentação de textos literários sempre mais desafiadores. Como diz Ramos, a sedução se processa pelo atendimento de uma demanda já estabelecida, mas a ampliação dos horizontes de expectativa do leitor literário ocorre quando este experimenta leituras novas que lhe lancem desafios e o retirem da acomodação. Assim é que a reflexão crítica pode se estabelecer.

Aguiar (2001) coloca ainda como quesitos importantes para o estabelecimento das preferências de leitura de um grupo determinado o oferecimento de textos de vários gêneros e abordagens temáticas, o conhecimento do acervo que as bibliotecas da comunidade possuem.

A seleção de textos literários é um ponto de grande importância para o sucesso de um projeto de leitura literário. Ela não é uma atividade fácil de ser realizada. Saber determinar os interesses e as condições do leitor e ser capaz de avaliar os textos literários a serem selecionados são os principais eixos orientadores para a realização do projeto.

(4.2) Escolhas a serem feitas

Na contemporaneidade, observamos uma enorme variedade de textos infanto-juvenis. O que, em princípio, é muito positivo, pois indica o fortalecimento do gênero, sua capacidade de expansão e influência no mercado editorial, pode ser mais uma dificuldade enfrentada pelo educador desejoso de se engajar ativamente na formação de leitores literários.

Em meio a um oceano de textos, qual a melhor escolha? As editoras costumam oferecer catálogos ricos e bastante sedutores aos professores. Os críticos literários chamam a atenção para a inflação do terreno infantojuvenil de textos de baixa qualidade literária e de grande apelo comercial. A desconfiança por parte de professores de literatura e literatos em relação àquilo que o mercado editorial oferece vem de uma crença de que este privilegia textos mais apelativos em detrimento dos mais desafiadores e de melhor qualidade artística. Por outro lado, não podemos ignorar que os editores continuam apostando na reedição de clássicos, sejam da literatura nacional, sejam da universal, pois veem nestes uma garantia oferecida justamente pelo aval de literatos e professores.

Somado a essas questões, observamos atualmente também um forte questionamento no que se refere à questão do valor literário. Como observa Cosson (2004, p. 94), "Na área do cânone, o consenso sobre o valor e a representatividade das obras entrou em crise e o caráter político de sua construção, envolvendo preconceitos de gênero, classe social e etnia, entre outros, é constantemente denunciado". Assim, a aposta que a escola ainda faz na literatura canônica pode ser vista como uma incapacidade sua de se atualizar em relação às novas propostas literárias. A problemática decorrente da crise do cânone é assim descrita pelo autor (2004, p. 94):

> *Essa desestabilização dos valores literários e dos mecanismos de mercado tradicionais gerou um grande impacto na escola enquanto instituição responsável pela formação do leitor e, por conseguinte, espaço de mediação privilegiado entre a literatura e o mercado. Uma das áreas mais afetadas é, justamente, a seleção de textos para serem ensinados e aprendidos como herança cultural. As posições assumidas pelos professores são as mais diversas. Há aqueles que sequer admitem discussão e continuam a afirmar a essencialidade do cânone e da tradição. São professores que seguem incólumes no seu mister, certos de que o capital cultural é sempre único ou que há uma essencialidade literária que não deve ser questionada nas obras indicadas para a leitura. Herdeiros e guardiões da tradição, eles consideram que o desconhecimento de uma obra canônica é a falha maior em uma formação literária. Há outros que, assediados pelas editoras, adotam como leitura apenas os últimos lançamentos, liberados que estão da obrigação de ler o cânone. O sentimento de uma atualização permanente e a economia na aquisição de livros recebidos das editoras para "avaliação" resolvem os critérios de indicação dos textos.*

Como podemos observar, o que antes não era questionado agora é tema de divergência. A escola, até bem pouco tempo atrás, seguia a tradição literária, garantindo o contato dos alunos com o patrimônio literário, sobretudo nacional. Era esse o seu dever. Muitas mudanças ocorreram nas últimas décadas que influenciaram nessa situação e interferem hoje na tarefa de selecionar textos para apresentar aos alunos.

Insistir em selecionar apenas obras consideradas canônicas pode ser um acerto, um equívoco ou os dois. Na verdade, o acerto da escolha depende dos critérios anteriormente expostos. É certo que ainda é tarefa da escola passar adiante a herança cultural nacional, mesmo em tempos de discussão da validade dessa função. É certo também que ela não deve limitar-se a fazer isso, pois precisa estar aberta para o novo, mais próximo da mente de crianças e adolescentes pós-modernos. Cosson afirma que, ao escolher, o professor também constrói seu cânone. Toda seleção pressupõe um certo tipo de exclusão.

Atividades

1. Assinale a alternativa correta:
   a. A mediação escolar é sempre positiva, isto é, sempre resulta na formação de leitores literários.
   b. A única mediação de leitura eficiente é aquela exercida pela família.
   c. Nem sempre a mediação escolar é bem sucedida; às vezes, ela acaba provocando um efeito contrário na formação de leitores.
   d. Só podemos falar de mediação de leitura quando nos referimos às atividades de leitura literária desenvolvidas em sala de aula.

2. Um dos prerrequisitos para que as atividades de leitura literária desenvolvidas pela escola alcancem um resultado positivo é:
   a. a cuidadosa elaboração de questionários de interpretação textual.
   b. o desenvolvimento de fichas de leitura com o objetivo de verificar a compreensão do aluno.
   c. a escolha aleatória de textos literários a serem apresentados em sala de aula.
   d. a construção de projetos de leitura literária.

3. Para realizar a escolha adequada dos textos literários a serem trabalhados em sala de aula, o professor deve:
   a. conhecer as referências culturais do público com o qual trabalha.
   b. seguir as determinações estabelecidas pela escola onde trabalha.
   c. observar questões referentes ao uso da norma culta nos textos.
   d. concentrar-se em apresentar textos de valor histórico.

4. Além de atender aos interesses de seus alunos, o professor precisa preocupar-se em:
   a. trabalhar textos que são referência de expressão escrita ideal.
   b. apresentar textos desafiadores que ampliem as referências de leitura de seus alunos.
   c. abordar temas morais por meio de aula de leitura literária.
   d. garantir a aprendizagem da história nacional por meio do estudo da literatura.

5. Uma das dificuldades enfrentadas pelo professor no momento de selecionar textos para as suas aulas de leitura é:
   a. o pouco número de publicações disponíveis.
   b. a desatualização do material existente.
   c. a resistência das editoras em oferecer o material para uma análise prévia.
   d. o imenso volume de textos disponíveis no mercado.

(5)

Contos clássicos infantis

Luana Soares de Souza é graduada em Letras pela Pontifícia Universidade Católica do Rio Grande do Sul (PUCRS), mestre e doutora em Letras pela mesma universidade, com os trabalhos "A intertextualidade em Memorial do Convento de José Saramago" e "Narrando a nação portuguesa".

Luana Soares de Souza

Desde os tempos remotos, o ato de contar e de ouvir histórias fascina o ser humano, independentemente do período histórico vivido ou do contexto sociocultural existente. Seduzido pelas narrativas, sejam elas fantásticas, sejam verossímeis, de ordem tanto simbólica quanto realista, harmônicas ou dissonantes, o homem as relaciona com fatos da vida, com deuses, com seres fantásticos ou com mistérios que lhe parecem inexplicáveis. Por meio dos mitos transmitidos oralmente e dos contos escritos, valores morais são apregoados, costumes são divulgados e é resgatado um imenso cabedal de histórias primitivas perdidas pelos séculos, mas recuperadas pela memória e pela palavra.

Da milenar tradição oral de narrar fatos épicos e feitos de heróis históricos ou míticos surgiram o conto popular, a alegoria e a fábula, e da variação destes, os contos de fadas e os contos maravilhosos presentes na literatura infantil. Eles relatam o mágico e o fantástico e encantam a alma das crianças, que, mesmo convivendo com uma atualidade repleta de meios de divulgação de informações em tempo real, ainda creem em suas histórias, sonham com suas aventuras e fantasiam seu cotidiano. Na sequência, como subsídio ao estudo da matéria, será traçado um panorama – sucinto – do desenvolvimento das histórias infantis, dos seus principais autores e de suas obras.

(5.1) Conceitos, origens e fontes

O conto popular é uma história relativamente curta, transmitida oralmente de geração a geração, seja entre os integrantes de uma comunidade específica, como no caso dos contos folclóricos regionais, seja em uma abrangência mais ampla, como acontece com os relatos de feitos míticos. Essa narrativa, que está integrada ao folclore de todos os povos, tem um importante papel como manifestação da psicologia coletiva dentro do cenário da literatura oral de cada país ou região. Independentemente de suas origens, esses textos estão presentes no imaginário do grupo social envolvido e, além da divulgação oral, passam a fazer parte de textos e representações variadas.

As narrativas populares não têm autoria definida; elas são o resultado de uma criação coletiva de incontáveis contadores de histórias que as relatam com o objetivo de divulgar ideias, glorificar feitos ou, simplesmente, preencher momentos de lazer. Além da pura finalidade de entretenimento, as histórias orais, ao proporem modelos de comportamento e transmitirem valores do mundo a uma comunidade, adquirem uma função educadora. Seu conteúdo transita, livremente, de fatos do cotidiano verossímil ao mundo do fantástico e do sobrenatural. Com o tempo, esse repertório narrativo, inicialmente destinado ao público adulto, passa a sofrer adaptações e a se direcionar para a plateia infantil. Surge, assim, um novo gênero literário: a literatura infantil, categoria em que se destacam as modalidades CONTOS DE FADAS e CONTOS MARAVILHOSOS. Ambas são narrações de encantamento, diferenciando-se quanto à natureza dos acontecimentos ou das aventuras que narram. Seus enredos abordam situações extraordinárias ou fantásticas, em que predominam a magia, o fantástico e o enigmático, enfim, é o reino da inverossimilhança, no qual ocorrem fatos extraordinários e fascinantes. Além disso, o eixo narrativo está concentrado na existência de provas e de obstáculos que devem ser enfrentados e vencidos pelo herói. Semelhantes em suas bases e propósitos, tais narrativas apresentam características próprias que as distinguem; estas podem ser observadas nos parágrafos seguintes, baseados no livro *O conto de fadas* (1987), de autoria de Nelly Novaes Coelho.

Os contos de fadas podem contar ou não com a presença desses seres feéricos ou mágicos. Essas narrativas apresentam situações que acontecem em espaço e tempo indeterminados, localizados fora da realidade conhecida e nos quais as personagens convivem com a magia, o encantamento e as metamorfoses de seres animados e inanimados, enquanto percorrem um mundo habitado por seres imaginários que o compartilham com reis, rainhas, príncipes e princesas. O herói dessas histórias percorre árduos caminhos (representando seu ritual de iniciação à vida adulta), nos quais tem de superar obstáculos quase intransponíveis e vencer difíceis provas para alcançar sua realização como ser humano. Ao final, recebe o prêmio: a libertação, seguida do encontro do "verdadeiro eu" ou do casamento com uma donzela do reino. Considerados documentos históricos, os contos de fadas surgiram da tradição oral secular e sofreram modificações de acordo com a sociedade e a cultura a que se referiam. Em consequência, não raro seu conteúdo representa aspectos elementares da vida humana, como o medo, o amor, o ódio, o egoísmo etc.

Por sua vez, os contos maravilhosos não apresentam fadas dotadas de poderes mágicos e têm suas ações situadas em um mundo imaginário, em que os acontecimentos ocorrem fora da realidade concreta, alterando por completo as leis ou regras vigentes no mundo normal. É o contexto do sobrenatural no qual acontecem fatos além de nossa compreensão. Esse espaço é habitado por animais e objetos falantes, metamorfoses e entidades misteriosas; são duendes, gênios, objetos que se humanizam e seres prodigiosos que são capazes de se metamorfosearem. Nos argumentos da história aparece o herói ou o anti-herói que busca sua autorrealização; essa busca está relacionada com necessidades econômicas ou afetivas, pois, para ele, a recompensa chega através de conquistas e de riquezas materiais.

A evolução desses dois tipos de literatura popular de encantamento pode ser estudada com base em fontes distintas, compostas por um "tesouro imenso de contos, tradições e lendas, extraordinariamente semelhantes entre si nas mais diversas partes do mundo. São conhecidas, por exemplo, mais de 300 versões da história da Gata Borralheira, na Europa, no Egito, na Índia e entre os índios norte-americanos" (Barsa, 1999). Do fabuloso e exótico mundo oriental, chegaram até o Ocidente fábulas, contos e apólogos. Nessas histórias, estão presentes os conflitos humanos primários, o caráter moralizador, a luta entre os fracos e os fortes, a ambição e a traição e a convivência do real com o imaginário. Entre elas estão o "indiano *Panchatantra* (cinco capítulos), do século VI a.C., em que preceitos morais são transmitidos por um brâmane a três jovens discípulos, por meio de narrativas e fábulas" (Barsa, 1999); *Sendebar*, ou o *Livro dos enganos das mulheres*, texto escrito em sânscrito e atribuído ao filósofo hindu Sendabad; e *As mil e uma noites*, coletânea de contos orientais em que "a magia, a aventura, o sobrenatural e o fantástico, a intervenção de gênios, gigantes e duendes fazem de muitos de seus contos clássicos da literatura universal" (Barsa, 1999).

Dos celtas, as histórias infantis herdaram a figura da fada, ser lendário do sexo feminino dotado de poderes sobrenaturais que lhe permitem influenciar, de modo mágico, o destino humano. Em geral, esse ser imaginário etéreo possui características especiais, como beleza, virtude, voz doce, gosto pela dança e pela música, luz própria e asas. Apesar de sua origem medieval e nórdica, em muitas tradições antigas podem ser encontradas alegorias semelhantes, como as ninfas da mitologia grega. Com o simbolismo que, até hoje, as cerca, as primeiras fadas conhecidas, Viviana, Morgana e Melusina, foram representadas no texto galês *Mabinogion*, surgido no século IX. Personagens do ciclo do romance bretão, elas são descritas como mestras da magia e mensageiras do outro mundo. Normalmente ligadas ao amor, pertencem aos quatro reinos elementais: são as fadas dos ventos, da terra, do fogo e das águas.

Na origem europeia dos contos infantis, estão as narrativas populares de procedência folclórica, como as coletâneas italianas *As noites prazerosas* (1550), de Gianfrancesco Straparola, e *O conto dos contos* (1634), de Giambattista Basile, que segue o modelo do *Decameron*, de Boccaccio, mas conduz os acontecimentos pelo viés da matéria maravilhosa das histórias orientais e bretãs. Posteriormente, a coleção francesa *Histórias ou contos do tempo passado, com suas moralidades*, mais conhecida pelo subtítulo *Contos da mamãe gansa* (1697), de Charles Perrault, representa as concepções romanescas do século XVII; nela, o real e o maravilhoso estão harmonizados em perfeição e qualidade com os contos tradicionais da tradição oral popular.

Compõem a coleção de Perrault (Coelho, 1987) textos que são conhecidos até hoje, como *A Bela Adormecida no bosque, Chapeuzinho Vermelho, O Barba Azul, O Gato de Botas, As fadas, A Gata Borralheira, Henrique do Topete, O Pequeno Polegar, Pele de Asno, Os desejos ridículos* e muitas outras. Essas narrativas são baseadas em histórias captadas das tradições oriental, céltica e bretã, devidamente transformadas por fusões com textos provenientes de diversas outras fontes, como os folclores francês e italiano, os elementos simbólicos de liturgias religiosas e a mitologia grega, entre outras. São histórias anônimas do passado que eram destinadas ao entretenimento do público adulto e apresentavam elementos como incesto, canibalismo, adultério, demônios etc. Somente com base na pesquisa do autor é que foram retiradas daqueles textos as passagens consideradas inadequadas para as crianças. Surgia, assim, a literatura infantil, que, partindo de antigos textos da tradição oral, devidamente adaptados ao novo ouvinte, tinha como objetivo orientar a formação moral dos leitores mirins.

Na Alemanha, no início do século XIX, os Irmãos Grimm, em seus estudos da filologia da língua germânica, recolheram da memória popular cerca de duas centenas de fábulas, lendas e contos que reúnem na coletânea *Contos para a infância e para o lar* (1812). A obra, que inclui narrativas como *A Bela Adormecida, Os músicos de Bremen, Os sete anões e a Branca de Neve, Chapeuzinho Vermelho, A Gata Borralheira, O corvo, As aventuras do Irmão Folgazão, A Dama e o Leão*, entre outras, continua encantando leitores de todas as idades. Os Irmãos Grimm foram os primeiros autores europeus a dar valor estético e humano à matéria popular. Nos contos, ao contrário das narrativas de Perrault, predominam e esperança e a confiança; é a eterna luta pela vida, na qual, seja em virtude de privações, seja fazendo frente a injustiças, o herói consegue vencer todos os obstáculos.

No mesmo período, o dinamarquês Hans Christian Andersen lança seus primeiros contos para crianças, que estimulam a imaginação de um incontável público adulto e infantil. Considerado o príncipe dos escritores da literatura infantil, Andersen publica suas primeiras quatro histórias em 1835, sob o título *Contos de fadas e histórias*; até 1872, continua "a publicar contos infantis (um total de 168 em cinco séries), que seriam traduzidos para mais de oitenta línguas e lhe trariam imensa fama" (Barsa, 1999). Entre eles, *A pastora e o limpador de chaminés, A Rainha das Neves, O Soldadinho de Chumbo, O pinheirinho, A menina dos fósforos, A roupa nova do rei, O rouxinol, O jardineiro, A princesa e a ervilha* e *O companheiro de viagem* (Andersen, 2009). Segundo Soriano, citado por Gillig (1999, p. 39), em suas histórias, esse ficcionista expressa "a densidade da vida através de uma mistura complexa de sonho e de realidade, de fantástico e de sensibilidade humana".

Entre os autores citados, é possível observar a existência de diversas semelhanças entre as personagens, os temas e os episódios. Esse fato sugere um possível denominador comum que remonta às origens remotas das tradições populares orientais, célticas e europeias que serviram de inspiração para os contos. São narrativas que foram transmitidas oralmente através de gerações e nas quais estão presentes o maravilhoso e o sobrenatural, o destino e as metamorfoses e nas quais se verifica o desaparecimento dos limites estabelecidos entre o cotidiano real e o imaginário misterioso.

(5.2) Estrutura dos contos clássicos infantis

Visto isoladamente, o conto clássico infantil possui um único núcleo dramático, do qual são dependentes todos os episódios do enredo. Em seu conjunto, as histórias apresentam personagens com características e funções semelhantes, além da repetição de argumentos, de motivos e de valores ideológicos transmitidos.

Estes estão explicitados pela valorização da alegria como atitude aconselhável de vida, da importância da palavra empenhada, do Bem, que resulta premiado, em detrimento do Mal, que é castigado, da inteligência e da astúcia que se sobrepõem à força bruta.

No desenvolvimento da intriga, o herói, em sua busca do aperfeiçoamento espiritual, deve passar por diferentes etapas que se sucedem. São elas:

1. SITUAÇÃO INICIAL: Aqui são enaltecidas as qualidades do herói, que está localizado em um tempo e em um espaço indeterminados, em que a carência está em estado latente e as personagens vivem algum tipo de problema que tende ao conflito. Essa fase também é chamada de *transição*, pois nela o protagonista passa a viver em um mundo diferente e desconhecido.
2. DESENVOLVIMENTO: É composto por unidades narrativas nas quais há a representação de aventuras acompanhadas de ações de desafio e de tarefas de difícil execução, de obstáculos a serem transpostos, de buscas e sofrimentos, de combates travados e vencidos, enfim, de superações e de conquistas. Nesse momento, o herói se torna o agente de suas ações, que servem de trampolim para a realização de seus sonhos.
3. SITUAÇÃO FINAL: Após o preenchimento do estado de carência inicial, a história resgata a desejada situação de equilíbrio e normalidade. O herói é festejado e seus feitos, exaltados; sua recompensa é o recebimento de bens materiais ou o casamento com a formosa donzela de seus sonhos e sua paixão.

Os contos de encantamento também apresentam alguns elementos simbólicos recorrentes em sua composição; extraordinários ou inverossímeis, eles representam o imprevisto, a magia e o sobrenatural:

1. FADAS: Seres imaginários que descem dos céus e se valem de objetos encantados, como talismãs e varinhas de condão, para realizar suas mágicas e, conforme sejam boas ou más, concedem ou contrariam a realização dos desejos das pessoas. Com origem na tradição pagã medieval, elas são a representação do destino do homem, cuja denominação é proveniente da palavra latina *fatum*[a].
2. OGROS: Personagens gigantescas, normalmente configuradas como monstros devoradores de carne humana. Dotados de reduzida capacidade intelectual, representam as forças obscuras e irracionais que procuram destruir ou atrapalhar o herói em sua jornada epopeica.

---

a. *Fatum*: vocábulo latino que significa "destino" e cujo plural é *fata*. É a referência etimológica da palavra *fada*.

3. Espelho mágico: Objeto maravilhoso que, além da imagem física, reflete as verdades morais, boas ou ruins, existentes no coração das pessoas.
4. Metamorfoses: Representam a transmutação de objetos ou de seres, podendo ser ascendentes, representando uma recompensa ou libertação, ou descendentes, quando configuram um castigo. Em alguns contos, como *O Rei Sapo* e *Henrique de Ferro*, dos Irmãos Grimm, a transformação da personagem simboliza a passagem de uma fase de imaturidade para uma de maturidade.

Além dessas representações alegóricas, outros símbolos estão presentes nesses contos, como o número 3, caractere representativo da perfeição; a rosa, sinalizadora do amor puro e verdadeiro; a juventude, insígnia da inocência e da pureza pré--adultas; e as provações do herói, legitimadoras de seu amadurecimento e de sua força moral. De acordo com Khéde (1990), constituem traços básicos das histórias tradicionais de encantamento a representação dos integrantes e dos valores dominantes da comunidade; a passividade da figura feminina; a contraposição do Bem ao Mal; e a realização de diversas funções que colocam o leitor frente a frente com temas do mundo adulto.

Um importante teórico que se debruçou na questão da estruturação das histórias infantis foi Propp. Em seus estudos, esse pesquisador delineou as características comuns presentes nos contos maravilhosos russos, entre elas, a transmissão oral através de gerações, além dos elementos composicionais das histórias, como a reflexão sobre os conflitos e as atitudes humanas, as disputas latentes entre fracos e fortes e entre ricos e pobres, as imprecisões que cercam o espaço cronológico e geográfico das ações. No enfoque morfológico, destaca-se o início das narrativas em acontecimentos que revelam carência ou dano por parte dos protagonistas. Assim, a base dos contos é a procura empreendida pelo herói, seguida das peripécias da sua jornada e do final feliz, configurado pela reparação do dever inicial.

Em seu livro *Morfologia do conto*, Propp, citado por Gotlib (1999), identificou os arquétipos presentes em praticamente todas as histórias e arrolou 31 diferentes funções elementares, isto é, ações constantes, protagonizadas pelas personagens. As principais, configuradoras de ações possuidoras de significado para o enredo, em ordem sequencial de ocorrência, são: o afastamento; a proibição imposta ao livre-arbítrio do herói; a transgressão decorrente deste, coincidente com o aparecimento do seu opositor; a constatação da carência afetiva ou material; o ardil preparado pelo vilão para iludir sua vítima; a consequente cumplicidade desta; a partida do herói em sua jornada; as provações a que ele é submetido; a recepção do encantamento ou do objeto mágico; o confrontamento com o opositor;

e, finalmente, a VITÓRIA, a REPARAÇÃO do encargo original, o RETORNO do herói e sua ACLAMAÇÃO e ENALTECIMENTO[b].

A partir dessa classificação, o pesquisador russo caracteriza as personagens em TIPOS, quando possuidoras de uma única característica, e CARICATURAS, no caso da enfatização dessa particularidade. Incluem-se nessa divisão os estereótipos da bruxa malvada, do sapo que vira príncipe, da fada madrinha bondosa, do príncipe valente etc. Outros atores aparecem em cena, como a personagem-criança, representando a inocência; os integrantes da corte real, simbolizando a fantasia popular em torno do poder e os conflitos interpessoais decorrentes da luta para conquistá-lo; e os seres maravilhosos, que figuram a disputa existente entre as forças positivas e negativas.

(5.3) Contos de encantamento modernos: entre absurdos e inovações

Após o sucesso dos contos de Perrault, dos Irmãos Grimm e de Andersen, o conteúdo mágico das histórias toma uma nova forma. Nasce outra expressão do inacreditável chamada de *fantástico, ilógico* ou *nonsense*, cujos textos reportam a elementos surreais e a situações absurdas. É o caso de Lewis Carroll, cujos livros incorporam a união entre o mundo real e o mundo da fantasia. Sua obra mais conhecida, *Alice no País das Maravilhas* (1862), inaugurou o estilo do realismo maravilhoso na literatura infantil moderna ao representar, por meio de jogos de linguagem e da subversão linguística, o ludismo e o humor ligados a fatos sem sentido encontrados no cotidiano.

Seguindo essa linha, Carlo Collodi[c] e James Matthew Barrie escreveram histórias protagonizadas por crianças que enfrentam o desconhecido, o absurdo e o abstrato. Um exemplo do primeiro é o texto *As aventuras de Pinóquio* (livro publicado em fascículos entre 1881 e 1883), que conta a história da evolução de um boneco de madeira que deseja, e consegue, transformar-se em um menino

---

b. Estão listadas as principais funções básicas caracterizadoras do gênero, na ordem em que aparecem no texto; entretanto, é importante ressaltar que, na ordem sequencial proposta por Propp, existem outras funções, que são intermediárias daquelas que foram listadas.

c. Pseudônimo do escritor italiano Carlo Lorenzini.

de verdade. Do segundo, temos a obra *Peter Pan* (1904)[d], que narra as peripécias de um menino que se recusava a crescer e a aceitar seu destino e as responsabilidades inerentes à fase adulta da vida.

No Brasil, o mundo povoado pelas fadas e pelo maravilhoso não foi representado em obras de destaque dentro da produção literária para crianças até a década de 1920. Foi só a partir dessa época que as personagens do mundo de encantamento ganharam vida e voz nos textos inovadores de Monteiro Lobato. Em suas histórias, fonte de alegria de muitas gerações, o escritor se vale de recursos narrativos diversos, entre os quais o traslado de protagonistas de outros contos maravilhosos para dentro do espaço ficcional do Sítio do Pica-Pau-Amarelo. Nele, através de variadas combinações, são trazidas para o contexto brasileiro personagens como Branca de Neve, Aladim e Cinderela. Concomitantemente, em seguidas reuniões familiares, a narradora Dona Benta conta para seus netos as aventuras vividas por Hans Staden, além das peripécias fantásticas de Peter Pan e de Pinóquio. É uma história colocada dentro de outra história, um artifício que permite que seres fantásticos de contos famosos possam conviver em um mesmo ambiente imaginário com personagens das histórias populares nacionais.

A partir dos anos de 1970, surgem autores brasileiros que produzem narrativas inovadoras, seja em sua linguagem, seja na temática. Ao lado de sua função lúdica, as histórias incluem personagens que, por meio de uma linguagem metafórica e interativa, questionam os valores e os problemas sociais contemporâneos. Entre elas, merecem destaque as narrativas em que fadas e elementos sobrenaturais interagem, como: *Soprinho* (1971), de Fernanda Lopes de Almeida; *O rei de quase tudo* (1974), de Eliardo França; *Doze reis e a moça no labirinto de vento* e *Uma ideia toda azul* (ambos de 1978), de Marina Colasanti; *A bolsa amarela* (1981), de Lygia Bojunga Nunes; *Onde tem fada tem bruxa* (1983) de Bartolomeu Campos de Queirós; *Cavalgando o arco-íris* (1984), de Pedro Bandeira; *Histórias de encantamento – Tereza Bicuda* (1988), de Ciça Fittipaldi; e *O reizinho mandão* (1996), de Ruth Rocha, entre muitas outras obras e autores.

Nessa época, alguns autores seguiram o viés da releitura dos contos de fadas clássicos e criaram novas linguagens e situações para as antigas histórias. Entre eles está Ana Maria Machado, que, em 1978, publicou o livro *História meio ao*

---

d. A primeira referência escrita sobre Peter Pan consta da publicação *The Little White Bird* (*O pequeno pássaro branco*, 1902); posteriormente, a personagem aparece na peça teatral *Peter Pan, or The Boy Who Wouldn't Grow Up* (*Peter Pan, ou o menino que não queria crescer*), que estreou em 27 de dezembro de 1904. Com o sucesso desta, os capítulos do livro envolvendo o menino-título foram republicados como *Peter Pan in Kensington Gardens* (*Peter Pan nos Jardins de Kensington*, 1906). [Wikiquote Article on J. M. Barrie, disponível em: <http://www.bookrags.com/quotes/J._M._Barrie>].

contrário (Lajolo; Zilberman, 1999). Nele, a escritora inverte a ordem narrativa, fato que contraria o anterior modelo da literatura infantil. A história se inicia pelo fim e, conjuntamente com a não linearidade, promove a descaracterização das personagens tradicionais ao incluir pessoas do povo elevadas à condição de reis e rainhas e colocar as figuras reais em posição inferior e humorística. Essa ruptura sequencial e temática, ao contrariar os padrões do gênero, impõe uma leitura atenta e cuidadosa que, a princípio, pode causar estranhamento, mas que, ao longo do texto, consegue estabelecer a perfeita interação narrador-leitor e envolver a todos em uma trama genial.

Essas narrativas modernas, apesar de exprimirem uma modificação e a possível desfiguração do conto infantil clássico, não deixam de seduzir e de transmitir a magia e encantamento típicos do modelo habitual. De acordo com Góes (1991), os contos de fadas tradicionais e modernos, não obstante a aparente contraposição, apresentam características comuns que são identificadoras do gênero. Entre elas, a representação do maravilhoso; a existência de poucas personagens; a permanência de dicotomias, como a oposição entre bondade e maldade; a punição exemplar do Mal; a presença de símbolos e de objetos mágicos. Em relação aos elementos inovadores, as novas histórias priorizam o emprego de elementos expressivos, como a metalinguagem, a intertextualidade, a fragmentação das personagens e a inclusão de ações extravagantes. Além da utilização da sátira, da paródia e da comicidade como formas de conseguir a interação com o leitor, paralelamente, notamos uma nova escala de valores que favorece os temas contemporâneos e a representação de personagens que questionam posicionamentos e buscam sua identidade. Mas, independentemente de seu viés tradicional ou moderno, os contos de fadas continuam a deliciar os pequenos leitores com suas histórias e seus encantamentos. A frase "Era uma vez..." incentiva a fantasia e facilita a descoberta do "eu" infantil; mesmo em uma época de novas tecnologias, ainda fascina e conduz a criança no caminho do conhecimento e da descoberta de novos e maravilhosos mundos através da leitura.

Atividades

1. A luta pelo "eu" encontra-se representada no/na:
    a. conto maravilhoso.
    b. narrativa lúdica.
    c. narrativa ética.
    d. conto de fadas.

2. Os contos clássicos infantis tiveram sua base na:
   a. narrativa.
   b. oralidade.
   c. escrita.
   d. temporalidade.

3. Os contos infantis apresentam uma linguagem:
   a. simbólica.
   b. denotativa.
   c. pragmática.
   d. funcional.

4. Nas histórias de fadas e nos contos maravilhosos, o elemento mais importante é a:
   a. lição de moral.
   b. temporalidade.
   c. ação.
   d. narração.

5. O universo do maravilhoso apresenta, em suas histórias, fatos:
   a. conhecidos.
   b. inexplicáveis.
   c. verossímeis.
   d. normais.

(6)

História da literatura
infantojuvenil brasileira I

Luana Soares de Souza

Ao contrário da literatura infantil europeia, que se formou a partir de 1697 com a publicação dos *Contos da mamãe gansa*, de Charles Perrault, a brasileira daria um sinal de vida apenas no início dos anos 1800, a partir da implantação da Imprensa Régia, em 1808, com a publicação de alguns poucos títulos contendo traduções e adaptações de edições europeias de livros dedicados ao público infantil. Contudo, foi um começo precário e irregular, insuficiente para caracterizar a época como o marco inicial da produção regular de uma literatura nacional destinada à infância. A situação só viria a evoluir a partir dos períodos seguintes.

No presente capítulo, com o objetivo de facilitar a análise de momentos específicos e das tendências predominantes das obras direcionadas às crianças e aos jovens, adotamos a abordagem cronológica das produções mais marcantes do período republicano, desde o seu início até a atualidade. Durante esse tempo, a produção literária infantojuvenil foi agrupada em períodos históricos, cuja divisão temporal, apesar de paralela à dos movimentos artísticos vigorantes, é independente de seu desdobramento. Para cada etapa são vistas as características principais que a particularizam e são fornecidas informações sobre os autores mais importantes e suas obras mais representativas. Em decorrência das limitações de espaço existentes, os dados disponibilizados são sintéticos e visam servir de parâmetro para o leitor, a quem são sugeridas pesquisas adicionais para a complementação de seus estudos.

(6.1) Precursores: no apogeu da República Velha (1889-1918)

No fim do século XIX, o acesso aos livros infantis era deficiente e, devido à falta de publicações de autores brasileiros, caracterizado pela leitura quase absoluta de edições portuguesas. Com o passar dos anos, houve uma melhoria nos canais de circulação de materiais impressos para o público leitor e, com o decorrente aumento do número de interessados, verificou-se um renovado esforço na produção de obras nacionais. O nascimento da literatura infantojuvenil brasileira coincidiu com a Abolição da Escravatura e o com o advento da República. A nova situação política e econômica também incluiu o início do processo de modernização do país, a implementação de campanhas em defesa do patriotismo e da alfabetização, a chegada de imigrantes às cidades grandes e a diversificação da população urbana. Essas transformações ocorridas tanto no nível de desenvolvimento sociocultural quanto no panorama histórico favoreceram o surgimento de um novo contingente de leitores de livros infantis e escolares.

Apesar de o projeto modernizador instalado no país ter sido um dos componentes que viabilizaram o surgimento da literatura infantil nacional, o gênero adotou "a superficialidade das alterações promovidas em nome do progresso" (Zilberman, 1993, p. 17) e o conservadorismo. Esse viés tradicional era decorrente da opção cívico-pedagógica adotada e do segmento de modelos adaptados dos clássicos infantis estrangeiros. Tais traduções e adaptações constituíram a maior parte do acervo do primeiro momento da literatura infantil brasileira. Um dos pontos relevantes desse trabalho de compilação e adaptação das histórias infantis europeias foi o abrasileiramento dos textos traduzidos. A transposição temática e linguística de obras que antes circulavam apenas em edições lusitanas contribuiu para uma melhor divulgação dos textos e facilitou sua recepção por parte dos leitores mirins. Entre os principais tradutores do período, podem ser citados os nomes de Carlos Jansen, João Ribeiro, Olavo Bilac, Arnaldo de Oliveira Barreto, Figueiredo Pimentel e Hilário Ribeiro.

As versões do acervo europeu, além de representarem o marco inicial da literatura brasileira destinada ao público infantojuvenil, também serviram para a difusão dos ideais nacionalistas em voga. Assim, os livros de histórias se transformaram em verdadeiras cartilhas de manifestações cívicas e de exaltações à terra, à pátria e a fatos e vultos históricos brasileiros. Por sua vez, a escola também se aliou à questão civilizatória e doutrinadora ao legitimar a função pedagógica do gênero e ao usar os textos como fonte para a exortação de valores como "a caridade, a bondade, a obediência, a aplicação no estudo, a constância no trabalho, a dedicação à família" (Zilberman, 1993), a importância da educação e da religião. Nesse sentido, a protagonista criança era representada em situações exemplares de aprendizagem, em que, por exemplo, escutava atentamente os conselhos de pais e professores, lia um livro ou ouvia alguém contar uma história edificante. Muitos textos da época também ilustraram outro valor a ser assimilado, que era o do uso correto da língua nacional, praticado por meio da leitura e da imitação do "escrever corretamente" dos grandes autores e dos textos renomados.

Um dos nomes mais voltados à representação das características gerais da literatura infantil dessa época foi Francisca Júlia, poetisa paulista considerada o maior expoente feminino do parnasianismo brasileiro. Em 1899, lançou o *Livro da infância*, obra didática prefaciada por seu irmão, o também escritor Júlio César da Silva, que foi adotada pelo governo estadual nas escolas do ensino fundamental. O volume incluiu 40 textos em prosa e verso, sendo que a maioria deles constitui uma paráfrase ou imitação de autores alemães, como Goethe. No livro *Alma infantil* (1912), também escrito com a mesma colaboração anterior, a Musa Impassível discorria em versos sobre temas como nacionalismo, pedagogismo, intelectualismo, moralismo e religiosidade; este era o conjunto temático característico da literatura da época.

Outro escritor que teve importante contribuição para a formação da literatura infantojuvenil nacional foi Olavo Bilac. Sua produção foi caracterizada por obras de cunho patriótico que foram usadas em atividades escolares. Além das diversas traduções de títulos de autores europeus, Bilac foi responsável por inúmeros textos destinados ao público estudantil, seja como autor único, seja em parceria com outros escritores. Em sua extensa produção se destacaram, entre outros, o texto *Poesias infantis*, de 1904, para uso nas "aulas de instrução primária". Segundo o referido autor, era uma "coisa simples, acessível à inteligência das crianças. [...] É um livro em que não há animais que falam, nem fadas que protegem ou perseguem crianças, nem as feiticeiras que entram pelos buracos das fechaduras; há aqui descrições da natureza, cenas de família, hinos ao trabalho, à fé, ao dever; alusões ligeiras à história da pátria, pequenos contos em que a bondade é louvada e premiada" (Bilac, 1929).

Na obra do Príncipe dos Poetas Brasileiros, ainda merecem destaque os textos *Tratado de versificação*, escrito em colaboração com Guimarães Passos; *Contos pátrios*, produção conjunta com Coelho Netto; e os produzidos em parceria com Manuel Bonfim, como *Através do Brasil*, considerado um dos precursores da literatura paradidática brasileira, e o *Livro de composição para o curso complementar das escolas primárias*, publicado originalmente pela Editora Laemmert, em 1899, e "approvado e adoptado pelo Conselho Superior de Instrucção Publica da Capital Federal e pelos Governos dos Estados de Minas Gerais, S. Paulo, Bahia, Sergipe, Amazonas, Ceará, Rio de Janeiro etc." (Bilac, 1929) para uso dos alunos das últimas séries do curso fundamental.

A produção de Bilac para as crianças caracterizou-se por poemas nos quais os fenômenos e a exuberância da natureza eram exaltados, o homem devia usar o tempo de forma racional e equilibrada, em suas diferentes fases da vida; além disso, as virtudes civis, o amor à pátria, o respeito à família e aos mais velhos eram incentivados. Seus textos mantiveram um elo em comum: tinham a função de fornecer subsídios para a formação moral e cívica dos leitores em fase escolar. O autor do Hino à Bandeira foi um dos fundadores da Liga de Defesa Nacional e líder de campanhas cívicas de alfabetização e pelo serviço militar obrigatório; para ele, os quartéis eram a última opção com que contavam os analfabetos para aprenderem a ler.

No seu conjunto, a literatura destinada a crianças e jovens se formou como gênero nas primeiras décadas da República. Entretanto, apesar dos escritos de autores como Francisca Júlia e Olavo Bilac, no período mereceram destaque o número expressivo de traduções e adaptações de autores estrangeiros. Dentro desse contexto, e não obstante o surgimento, em 1905, da revista *O Tico Tico*, a primeira a publicar histórias em quadrinhos no Brasil e que, por mais de meio século, divulgou e revelou inúmeros autores infantis, podemos afirmar que a produção infantojuvenil brasileira da época trouxe pouca inovação para esse tipo de literatura. Assim, seu maior mérito foi o estabelecimento de uma importante e íntima ligação do livro infantil com a escola. Dessa forma, ela se tornou um meio de propagação ideológica, no qual o texto servia para veiculação dos ideais de exaltação à pátria e das lições de civismo, patriotismo, heroísmo e moralidade, escritos em um nível da linguagem culta e modelar. Concordante com essa concepção, havia todo um projeto pedagógico implícito; era a reprodução passiva de comportamentos, atitudes e valores dignos de serem inculcados nas crianças e nos jovens.

(6.2) Do surgimento à maturidade: entre as duas Grandes Guerras (1918-1945)

O período compreendido entre os finais das duas guerras mundiais – 11 de novembro de 1918 a 14 de agosto de 1945 – foi marcado por várias transformações políticas, econômicas e sociais que afetaram a vida da maioria da população mundial. Foi a época da Grande Depressão[a]; da criação da União das Repúblicas Socialistas Soviéticas (URSS); da ascensão dos regimes totalitários europeus; do início da supremacia norte-americana; da Segunda Guerra Mundial; e, finalmente, do lançamento das bombas atômicas sobre Hiroshima e Nagasaki.

No Brasil, foi um período de modernização, mas de grande conturbação política, quando ocorreu o declínio e o término da República Velha, com sua política oligárquica do "café com leite"; a Segunda República (1930-1937); a instauração do Estado Novo (1937-1945); e a crise que levou à deposição de Getúlio Vargas, em 29 de outubro de 1945. Nesse lapso, aconteceram fatos políticos relevantes: o movimento tenentista e a Revolta dos 18 do Forte de Copacabana; a Revolução Federalista de 1923, no Rio Grande do Sul; a Revolta Paulista de 1924; as campanhas urbanas, como a da Liga do Voto Secreto de 1925; a Revolução de 1930; a Revolução Constitucionalista de 1932; a Coluna Prestes; a Intentona Comunista de 1935 e o Levante Integralista de 1938; além da participação brasileira no conflito mundial, com o envio da Força Expedicionária Brasileira ao teatro de operações europeu.

Paralelamente a esse cenário de mudanças e questionamentos políticos, a sociedade se tornou mais complexa e, paulatinamente, começava a mudar o antigo modelo agrário-exportador dominante. Novos grupos sociais surgiram; influenciando o sistema vigente, houve ascensão da pequena burguesia e da classe média e o aumento do proletariado urbano, fatos que se refletiram no processo de modernização do país. A equivalência nas artes dessa conjuntura sociopolítica foi fornecida pelos intelectuais da Semana de Arte Moderna, que, com a apresentação de novas ideias e conceitos artísticos, deram início à propagação do ideário estético do modernismo. Para a nova geração de artistas que começava a dominar o cenário cultural brasileiro, o tema prevalecente a ser incorporado era de oposição aos padrões estéticos europeus adotados pelas elites oligárquicas e de opção pelas fontes culturais autóctones e pelo cultivo do

---

a. Período de recessão econômica que teve início com a Quinta-Feira Negra, quando ocorreu a quebra da Bolsa de Nova Iorque, e que se prolongou por toda a década de 1930.

ideário do nacionalismo. Sua representação seria realizada mediante a inclusão das fontes consideradas verdadeiras e primitivas, em que se destacavam os elementos do folclore nordestino, indígena, ibérico e africano, das tradições orais do povo e da criação de tipos humanos ficcionais que sintetizavam as características da raça brasileira.

Nesse período, cresceu a publicação de periódicos dedicados ao tema, como a *Biblioteca da educação* e a *Coleção pedagógica*, e paralelamente ocorreu a reforma do ensino primário e normal, o aumento do número de colégios e a aplicação dos princípios da Escola Nova no ambiente educacional. As mudanças objetivavam criar uma escola primária integral, focada no aluno e nas suas necessidades. Além disso, foi considerável a produção de títulos voltados aos temas escolares, configurando, assim, uma ficção paradidática. Essa prática foi herança do período anterior, no qual as obras de fundo didático tinham uma finalidade educativa. São exemplos as publicações *História do mundo para crianças* (1933), *Emília no País da Gramática* (1934) e *História das invenções* (1935), de autoria de Monteiro Lobato; *A origem do mundo* (1936) e *A origem da humanidade* (1937), de Paulo Guanabara; *História do mundo e da humanidade para escolares* (1937), de Jorge de Lima; *As aventuras de Tibicuera* (1937), de Erico Verissimo; e *O pracinha José* (1945), de Mary Buarque, entre muitos outros autores e livros.

Em oposição às práticas de tradução e adaptação precedentes, iniciou-se uma nova etapa, em que prevalecia a temática folclórica, inspirada na herança cultural popular. Ela esteve presente em obras como *A bonequinha preta* e *O bonequinho doce* (ambas as publicações de 1938), de Alaíde de Oliveira; *Histórias silvestres do tempo em que animais e vegetais falavam na Amazônia* (1939), de Raimundo Morais; *O boi aruá* (1940), de Luís Jardim; e *Alexandre e outros heróis* (1944), de Graciliano Ramos.

A natureza e o espaço campestre foram outros temas que predominaram no período. A fazenda, o sítio, a chácara, o campo ou a estância eram os lugares das ações de animais e personagens que habitavam um espaço idílico, longe das atribulações da vida moderna encontradas na cidade grande. Esse contexto está presente no livro *Saudade* (1919), de Tales de Andrade, publicação ímpar de referência ao ruralismo. Essa obra mostra a preocupação do escritor em revelar a natureza ao público jovem, com uma narrativa voltada à instrução e ao divertimento.

A história relata a vida da família de um garoto chamado Mário, personagem que vive no campo e que se muda para a cidade – podemos observar que durante a narrativa há uma elaboração e um antagonismo na caracterização desses dois núcleos habitacionais. Percebe-se no relato que o meio rural é o lugar da liberdade e da alegria; é o sítio em que aquilo que as pessoas aparentam vale menos que o seu interior e os comportamentos individuais são menos controlados socialmente. No ambiente campestre, a vida é mais simples, mais saudável e mais tranquila; o espaço urbano, ao contrário, é o lugar da violência, do controle, do preconceito e das doenças. Aqui, as invenções tecnológicas e o conhecimento científico gerados pela vida moderna, além das benesses, trouxeram perturbações e problemas de toda ordem para o homem enfrentar.

O texto andradiano representou uma resposta aos anseios de educação que surgiam no país, defendendo a modificação do livro de leitura para o público infantojuvenil. Segundo os críticos da época, era preciso haver uma produção que fizesse frente à literatura importada, a qual, mesmo quando traduzida e adaptada, era distante de nossa língua e de nossas realidades e tradições. Impunham-se narrativas em que a natureza, as lendas, o folclore e os costumes nacionais fossem valorizados e nas quais os meios interiorano e campestre ocupassem a posição de destaque que tinham no cotidiano brasileiro.

A tendência da representação da vida rural teria um seguidor muito significativo: Monteiro Lobato, que, inspirado nos caboclos do interior brasileiro, criou o famoso, e ainda hoje conhecido, personagem Jeca Tatu, por cuja voz criticava o descaso do governo para com a situação de vida da população das zonas rurais. Foi pelo conjunto de sua obra que a literatura infantil brasileira teve seu conceito totalmente renovado; nela, o escritor, por meio de enredos narrados em linguagem simples, combinou fantasia com realidade e apresentou renovações temáticas e linguísticas que iriam deleitar futuras gerações de leitores, como:

a. elementos da imaginação e do maravilhoso usados de forma extensiva para suprir as deficiências do mundo real;
b. conteúdo lúdico das histórias, que são contadas de forma interessante, inteligente e voltadas para o universo infantil;
c. personagens, cenários, temas e ideias atualizados, que convivem harmonicamente com elementos considerados avançados para a época, como a tecnologia, o cinema, a história em quadrinhos e o rádio;
d. conhecimento da realidade construído pela aventura e pela experimentação;
e. linguagem espontânea, pitoresca, próxima da oralidade, representando, dessa forma, uma situação original de comunicação.

De 1920, quando publicou *A menina do narizinho arrebitado*, sua primeira obra infantil, a 1947, ano de *Histórias diversas*, a produção lobatiana foi caracterizada pela utilização de "recursos ficcionais como veículos didáticos da matemática, da geografia, da história e das ciências" (Barsa, 1999). Entre seus textos sobressaiu o universo ficcional do *Sítio do Pica-Pau-Amarelo*, cenário em que as personagens Dona Benta, Lúcia (Narizinho), Pedrinho e Tia Anastácia vivem grandes aventuras enquanto convivem com seres mágicos, visitantes ilustres e inusitados e heróis de histórias universais. No espaço do sítio, o meio natural perde aos poucos seu caráter de paraíso e ganha a configuração metafórica que representa o desejo de um país melhor. Tal aspiração política ressoou nas histórias por meio de afirmações implícitas ou explícitas da necessidade de explorar os recursos minerais encontrados no solo brasileiro, contrariando, dessa forma, o projeto ruralista do governo, que acreditava na agricultura como solução para a economia do Brasil.

O mundo fictício criado por Monteiro Lobato foi um marco decisivo para a literatura infantil brasileira. As características encontradas nos seus textos são próprias de uma literatura que se propôs a ultrapassar a mera questão pedagógica, didática ou educativa e incentivar a liberdade interior e de ação. Nessa perspectiva, sua produção literária destinada aos leitores mirins representou um estímulo à curiosidade intelectual, à criatividade e à descoberta, fatores que contribuíram para a longevidade de uma obra que, ainda hoje, continua encantando a todos que mantêm contato com ela, seja pela leitura dos textos escritos, seja pela assistência às suas inúmeras adaptações televisivas.

No período delimitado pelos conflitos armados mundiais, o Brasil passou por grandes e profundas mudanças; foi um período de modernização em que o país mudou seu anterior perfil agroexportador e adotou novas práticas econômicas e políticas. No campo artístico, a literatura infantojuvenil brasileira rompeu, parcialmente, com as práticas anteriores e promoveu a representação da linguagem oral e coloquial nas narrativas. Nessas histórias, foram incluídos temas nacionalistas, fatos e vultos do passado histórico nacional, focalizados, contudo, dentro de uma perspectiva exacerbada, passadista e conservadora. Soma-se a essas características a representação do meio rural com suas peculiaridades sociais, culturais e geográficas. Os textos dos seus principais representantes, como Tales de Andrade e Monteiro Lobato, independentemente de eventuais críticas que lhes possam ser feitas, representaram de forma competente o universo da época, com todas as suas deficiências e necessidades. Além disso, o gênero se tornou mais fortalecido pela incorporação de um universo mítico peculiar, que apresentou alta dose de criatividade temática e linguística.

Atividades

1. Nas décadas finais do século XIX, o objetivo das adaptações para a realidade linguística brasileira de textos infantis foi o de:
    a. incrementar o léxico.
    b. aproximar o público leitor.

c. circular no mercado.
   d. tematizar o civismo.

2. O contexto e as histórias passadas no Sítio do Pica-Pau-Amarelo projetam a necessidade de o país buscar a:
   a. peculiaridade.
   b. primitividade.
   c. educação.
   d. modernização.

3. As obras produzidas por Monteiro Lobato são importantes devido ao seu caráter:
   a. pedagógico.
   b. inovador.
   c. ilustrativo.
   d. estilístico.

4. Um dos fatores importantes para a consolidação da literatura infantojuvenil brasileira foi a:
   a. tradição.
   b. pedagogia.
   c. modernidade.
   d. didática.

5. No período de 1918 a 1945, a produção literária para crianças e jovens foi caracterizada pela predominância de:
   a. didatismo, oralidade e nacionalismo sob uma ótica modernista.
   b. universalismo, coloquialismo e nacionalismo sob uma ótica tradicionalista.
   c. folclore, oralidade e nacionalismo sob uma ótica modernista.
   d. universo mítico, oralidade e nacionalismo sob uma ótica tradicionalista.

(7)

História da literatura
infantojuvenil brasileira II

Luana Soares de Souza

O período da história da literatura infantojuvenil nacional analisado no capítulo anterior foi caracterizado por uma produção pautada por obras traduzidas e adaptadas do acervo de narrativas infantis europeias e seu consequente abrasileiramento. Nessa fase, as escolas utilizaram os textos como instrumentos cívico-pedagógicos sem, entretanto, observarem seu caráter estético. A partir de 1918, essa linha de abordagem foi, aos poucos, sendo abandonada, pois as obras que possuíam fundo didático e educativo passaram a ser substituídas por histórias em que predominava a temática folclórica, herdada de nossa cultura popular. Entre os autores que seguiram a tendência, destacou-se Monteiro Lobato, cujos livros demonstram uma alta dose de inovação linguística e temática.

Na fase subsequente, que vai de 1945 até a contemporaneidade, a implementação de uma infraestrutura editorial, o início da publicação de obras especializadas de literatura infantojuvenil e o aumento do público leitor ampliaram e consolidaram o gênero literário. Em seus aspectos formais e temáticos, houve muitas modificações e novidades, em que se destaca a inclusão do narrador entre as vozes que usam a palavra como meio capaz de transformar o mundo. No presente capítulo, a produção literária para crianças e jovens será analisada dentro do enfoque histórico-social do período, sendo estudados os principais autores e seus textos mais representativos.

(7.1) Fase inicial: durante o Período Populista (1945-1964)

O lapso delimitado entre os movimentos militares de 29 de outubro de 1945, que culminou no fim do Estado Novo e na deposição de Getúlio Vargas, e a data de 31 de março de 1964, quando se implantou o regime militar no Brasil, é conhecido como *República Liberal* ou *Período Populista*[a]. Essa fase, ao contrário das antecedentes e da seguinte, foi um momento democrático, no qual todos os presidentes da República foram escolhidos em eleições majoritárias ou assumiram o poder de acordo com a legislação então vigente. Não obstante esse fato, foi uma época marcada pela contínua disputa entre NACIONALISTAS e "ENTREGUISTAS"; enquanto os primeiros defendiam um programa de industrialização e desenvolvimento autônomos, seus opositores propugnavam um programa livre cambista e uma associação mais forte com os Estados Unidos. O embate teve reflexos na caserna, que repercutiram nas disputas pela presidência do Clube Militar e deu origem a várias ações contestatórias ou de interferência no meio político, como o inquérito policial militar instaurado pela aeronáutica para investigar o atentado contra Carlos Lacerda, o Golpe Preventivo do General Lott, os episódios de Jacareacanga e Aragarças e o movimento de oposição à posse de João Goulart na Presidência, o qual levou à adoção do regime parlamentarista que culminou com a Revolução de 1964. Enfim, o PERÍODO POPULISTA alternou momentos

---

a. *República Liberal* é a denominação mais comum para o período assinalado; entretanto, existem divergências tanto relativas à denominação quanto aos seus limites. A Nova Enciclopédia Barsa (1999), por exemplo, denomina a época de *Período Populista* e a delimita entre os fatos citados (1945-1964). A publicação *História do Brasil* (1995) o denomina de *República Liberal*, mas define seus limites entre a instalação da Assembleia Nacional Constituinte, em 2 de fevereiro de 1946, e o início do Regime Militar, em 1964. Por sua vez, a página República On-line 1889-1961, mantida pelo Museu da República, considera que a República Liberal vai da queda de Vargas, em 1945, ao seu suicídio, em 1954; o período seguinte, de 1954 a 1961, é denominado de *República e Democratização*.

de tranquilidade política com aqueles de agitações e contestações, nos quais os fatos mais críticos estão ligados às pressões do movimento operário-sindical em favor de reformas e às inúmeras manifestações militares.

No campo socioeconômico, o Brasil passou por várias mudanças que modificaram o cenário de país agrário-exportador e importador de manufaturas que perdurou até meados de 1947. Entre os principais fatos estão a fundação do Banco Nacional de Desenvolvimento Econômico (BNDE) e do Banco do Nordeste; em 1952, a criação da Petrobras, resultado da luta do Petróleo é Nosso, conduzida pelos nacionalistas; a construção de Brasília, a nova capital localizada no Planalto Central; o crescimento da economia industrial e o início da indústria automobilística brasileira. Em contrapartida, aconteceram a dependência do capital estrangeiro e as constantes altas inflacionárias. Essas mazelas advindas do crescimento econômico redundaram em distorções sociais que, segundo os movimentos populares, impunham a realização de reformas estruturais, opinião não compartilhada por outros setores da sociedade. Tal oposição de pensamentos e de políticas tornou a situação social extraordinariamente tensa durante o governo trabalhista de João Goulart. O posicionamento do presidente a favor das reformas de base – sindical, educacional, bancária, constitucional, eleitoral, tributária e, principalmente, agrária – acirrou os ânimos e provocou a reação de setores empresariais, burocráticos e militares, cujo projeto de inserção no sistema econômico internacional pressupunha a abertura do mercado interno ao capital multinacional. Desafiado por uns, pressionado por outros, Goulart decidiu efetuar as reformas de base por meio de decretos anunciados em praça pública e, em 13 de março de 1964, realizou o famoso "Comício da central" para defender sua política. A reação não tardou: no dia 19, milhares de pessoas saíram às ruas de São Paulo na Marcha da Família com Deus pela Liberdade para protestarem contra os rumos do governo e, no dia 31 de março, teve início o movimento militar, que encerrou a fase do populismo no Brasil.

Nesse contexto sociopolítico, cresceu o número de leitores e, consequentemente, a indústria do livro. Para atender à demanda de um mercado consumidor em expansão, teve início a implantação de uma melhor infraestrutura editorial, com o surgimento de publicações especializadas em literatura infantojuvenil e a decorrente multiplicação do número de autores dedicados ao gênero. Contudo, essa especialização de mercado não resultou em obras inovadoras em termos temáticos; em sua maioria, os textos, contrariando novas tendências literárias propostas pelos escritores modernistas, permaneceram atrelados aos projetos literários anteriores. Assim, os escritores continuaram a optar pela representação do passado histórico, principalmente o período da colonização. Através desse aproveitamento temático, divulgaram, nas entrelinhas, ideias idílicas, como o heroísmo inato dos bandeirantes, a existência de um novo Eldorado, possuidor de fontes inesgotáveis de riquezas, e a necessidade da retomada do projeto expansionista de exploração do Oeste. As narrativas visavam apresentar ao público infantojuvenil nomes e fatos heroicos do passado, passíveis de servir de modelo com o objetivo de reforçar o sentimento patriótico dos leitores.

Ao lado da tematização da história nacional, alguns escritores concentraram suas tramas no ambiente rural. Dentro dessa perspectiva de representação espacial, na qual persistiu uma comunidade formada por estruturas históricas e econômicas arcaicas, a vida naquele local era idealizada. Dessa forma, o texto assumiu uma postura escapista, pois encobria a realidade, em vez de denunciá-la em seus problemas e peculiaridades. Por outro lado, a cidade grande aparecia indiretamente; ela era o local em que moravam os protagonistas que passavam férias na fazenda ou se aventuravam em expedições na selva.

São obras que exemplificam essas temáticas: *A bandeira das esmeraldas* (1945) e *As belas histórias da História do Brasil* (1948), de Viriato Correia; *A estrela de ouro* (1949), de Maria Lúcia Amaral; *A oncinha ambiciosa* (1954) e *As aventuras de Eduardo* (1962), de Elos Sand; *Nas terras do rei café* (1945) e *Viagem ao mundo desconhecido* (1951), de Francisco Marins; *O príncipe invencível* (1948), de Virgínia Lefèvre; *Você já foi à Bahia?* e *História do galo* (ambos de 1950), de Leonardo Arroyo.

Outra recorrência temática foi a da infantilização das personagens, seja pela representação da criança, seja pela sua simbolização por meio de animais ou bonecos falantes. A partir da utilização desses seres como atores da trama, a ficção passou a transmitir a ideia da infância como uma época frágil e desprotegida, na qual as crianças podem desobedecer, fugir de casa, mas também, e principalmente, arrepender-se e retornar ao lar. Como textos que seguem essa abordagem podem ser citados *Os bichos eram diferentes* (1941), de Vicente Guimarães; *O caranguejo Bola* (1945), *A ilha perdida* (1946), *A lagostinha encantada* (1947) e *O cachorrinho Samba* (1949), de Maria José Dupré; *Atíria, a borboleta* (1950), de Lúcia Machado de Almeida; *Bumba, o boneco que queria virar gente* (1955), de Jerônimo Monteiro; e *A abelhinha feliz* (1950), de Ivan Engler de Almeida.

Os autores mencionados constituem somente alguns exemplos de uma enorme série de escritores e textos, o que torna impossível relacionar todos nesse espaço. Observamos que, ao lado de ficcionistas já renomados, outros, anteriormente dedicados à ficção para o público adulto, também passaram a publicar literatura destinada aos jovens, em que priorizaram a representação do real em detrimento do imaginário. A produção literária do Período Populista como um todo denotou uma preocupação muito maior com a quantidade de obras do que com a qualidade da produção literária. Entretanto, privilegiando temas como a história nacional, o espaço rural e a representação simbólica da infância, essa foi uma época de preparação do terreno para a explosão editorial dos anos vindouros e o consequente sucesso comercial.

(7.2) A inovação: durante o regime militar (1964-1985)

Do final do Período Populista até a posse de José Sarney, em 1985, o país foi governado pelo regime militar implantado pelo movimento deflagrado em 31 de março de 1964, que resultou na deposição de João Goulart. Durante 21 anos, a Presidência da República foi ocupada por cinco oficiais-generais que se sucederam na função, à qual foram guindados por meio de eleições indiretas realizadas pelo Colégio Eleitoral. Em que pesem as diferenças que particularizam suas políticas, motivadas pela conjuntura ou pela sua proposta administrativa específica, todos os presidentes militares seguiram um projeto de governo que visava a um novo modelo de desenvolvimento e uma nova inserção do Brasil no cenário internacional. Desse modo, perseguiram dois objetivos principais, que podem ser traduzidos pelas palavras *segurança* e *desenvolvimento*. Assim, incentivaram as exportações, adotaram políticas destinadas à atração de capitais estrangeiros e investiram em obras de infraestrutura, como a Rodovia Transamazônica, a Ponte Rio-Niterói, a Usina Hidrelétrica de Itaipu e o Polo Petroquímico de Camaçari, na Bahia, entre outros. Como consequência, cresceu o número de matrículas escolares, de leitos em hospitais, de médicos, de casas com água, luz e esgoto, e o produto interno bruto (PIB) brasileiro alcançou taxas nunca antes atingidas. Por outro lado, aumentou a dívida externa, a concentração de renda e a inflação, ônus que teriam de ser enfrentados pelos governos seguintes, do período de redemocratização.

Por sua vez, o parâmetro da segurança interna acarretou a centralização do poder e o fortalecimento do Executivo em detrimento do Legislativo e do Judiciário. O combate à "ameaça comunista" levou à adoção de políticas repressivas, que incluíram restrições aos direitos e às garantias individuais, o término de eleições diretas para cargos majoritários, o controle da estrutura partidária com a criação do bipartidarismo, a censura aos meios de comunicação, a perseguição a artistas e a repressão política de dissidentes e opositores. Em reação, estes se organizaram em movimentos estudantis e sindicais, cujas manifestações exigiam a redemocratização do país e a liberdade de expressão. Os integrantes da esquerda mais radical optaram pela luta armada e iniciaram operações de guerrilha urbana e rural, que eram prontamente combatidas e sufocadas pelo governo. Com o término do governo Geisel, que prometera fazer uma abertura política de forma "lenta, gradual e segura", foi extinto o Ato Institucional n° 5 (AI-5), abolida a censura prévia do rádio e da televisão e restabelecido o direito ao *habeas corpus*; no período Figueiredo, aprovou-se a Lei da Anistia para presos políticos, possibilitando o retorno de exilados, e extiguiu-se o bipartidarismo, mas foi mantida a eleição indireta para a presidência da República, que possibilitou a eleição de Tancredo Neves pelo Colégio Eleitoral reunido em 15 de janeiro de 1985.

A partir do início dos anos 1960, verificou-se uma transformação no panorama educacional brasileiro, representada pela instalação do Conselho Federal de Educação, em 1961, e pelas significativas mudanças introduzidas pelo governo militar na estrutura do ensino de primeiro e segundo graus e do ensino superior. Na arena cultural, os anos de 1960 foram inicialmente caracterizados pela bossa nova, de um lado, e pela jovem guarda, de outro, até que, no Festival da TV Record de 1967, surgiu a tropicália e, com ela, novos talentos e novos acordes. Nesse contexto, ocorreu uma renovação literária que coincidiu com um novo incremento do setor mercadológico. No campo da literatura infantojuvenil, vários foram os programas que buscaram incentivar a leitura e o debate sobre o gênero ficcional. Por sua vez, a rede institucional de apoio à educação adotou políticas de incentivo às publicações, o que levou à reformulação dos mecanismos de distribuição e circulação de textos. O resultado foi o surgimento de um novo público consumidor de livros para crianças e jovens, que era mais abrangente e, portanto, menos diferenciado em termos sociais.

Essas novas condições de produção literária, aliadas ao contínuo processo de urbanização e de transformações sociais, favoreceram a exploração de um novo veio temático: o universo urbano e contemporâneo. Nesse processo "de urbanização, o sinal de partida foi dado por Isa Silveira Leal, e sua série de Glorinhas: *Glorinha* (1958), *Glorinha bandeirante* (1964), *Glorinha e a quermesse* (1965) e *Glorinha radioamadora* (1970)" (Lajolo; Zilberman, 1999, p. 125). Entretanto, foi com os livros *Justino, o retirante* (1970) e *A rosa dos ventos* (1972), de Odete de Barros Mott, que a passagem do espaço rural e idílico ao urbano e real começou a ser percebida pela representação dos dilemas dos protagonistas ao encararem a problemática da cidade grande, com suas necessidades, exigências e perspectivas; assim, nos textos, notou-se a presença de forte denúncia social.

Outra característica da literatura infantojuvenil da época foi a inclusão, nesse universo urbano em crise, de temas até então considerados inadequados para crianças, como a injustiça, a diferença social, o preconceito, a marginalização de crianças e de idosos, o autoritarismo familiar e escolar, a poluição da natureza, a descoberta da sexualidade e o sofrimento infantil. São exemplos de narrativas que representam essas temáticas: *A transa amazônica* (1973), de Odette de Barros

Mott; *Lando das ruas* (1975), de Carlos Marigny; *O menino e o pinto do menino* (1975) e *Os rios morrem de sede* (1976), de Wander Piroli; *A bolsa amarela* (1976), *A casa da madrinha* (1978) e *Corda bamba* (1979), de Lygia Bojunga Nunes; *Pivete* (1977), de Henry Correia de Araújo; *Os meninos da Rua da Praia* (1979) e *Vovô fugiu de casa* (1981), de Sérgio Capparelli, entre outros. Nessas histórias, a personagem criança passou a apresentar uma imagem de sofrimento, de inquietação e de participação crítica em seu mundo real; nele, os desejos e as decorrentes crises de identidade eram representados por um tom mais realista.

É interessante perceber que os textos para crianças e jovens incorporaram alguns recursos da narrativa pós-modernista, os quais resultaram em uma ficção mais renovadora. Segundo Lajolo e Zilberman (1999), tais recursos são a metalinguagem, a intertextualidade, a fragmentação, a tematização da arbitrariedade do signo linguístico, a incorporação de variedades linguísticas e de usos sociais da linguagem, o diálogo leitor-narrador, a recuperação paródica do discurso tradicional, a fragmentação do enredo e a pulverização de personagens. Outro importante aspecto que se nota foi a retomada do mundo do maravilhoso e do fantástico nas histórias contemporâneas. Nos textos, esses elementos ganham uma releitura à luz do mundo atual; é o que acontece, por exemplo, em *A fada que tinha ideias* (1971), de Fernanda Lopes de Almeida; *A fada desencantada* e *Sigismundo do mundo amarelo* (ambos de 1975), de Eliane Ganem; *O reizinho mandão* (1978), de Ruth Rocha; *Onde tem bruxa tem fada* (1979), de Bartolomeu Campos de Queirós; e *História meio ao contrário* (1979), de Ana Maria Machado.

Também foram favorecidos pela industrialização da cultura do momento os seguintes temas:

- MISTÉRIO POLICIAL: O universo das tramas de detetives e a decifração de crimes misturam-se com elementos paródicos, irônicos e absurdos. Nessas narrativas, a personagem criança desvenda os mistérios e prende os criminosos, enquanto a adulta incorpora o papel do vilão. Exemplos: *O gênio do crime* (1969), de João Carlos Marinho; *A vaca voadora* (1972), de Edy Lima; *Operação a vaca vai pro brejo* (1973), de Luís Santiago; *O caso da estranha fotografia* (1977) e *O caso do sabotador de Angra* (1980), de Stella Carr.
- FANTÁSTICO: Nos textos em que este elemento é incluído, percebemos que reis, rainhas e fadas, antes presentes nas histórias tradicionais, retornam com novo enfoque e seu "reingresso coincide com o aparecimento de muitas obras cujo projeto consistia na desmistificação das criaturas do reino das fadas" (Lajolo; Zilberman, 2004, p. 158). Exemplos: *Uma ideia toda azul* (1979) e *Doze reis e a moça do labirinto de vento* (1983), de Marina Colasanti.
- QUESTIONAMENTO SOBRE A LINGUAGEM: As histórias que contextualizam a questão linguística apresentam personagens que descobrem os usos sociais da comunicação e seu poder transformador, o jogo entre som e ritmo da

palavra e seu emprego como meio de libertação e de atuação no mundo real. Exemplos: *Marcelo marmelo martelo* (1976), de Ruth Rocha, e *Chapeuzinho Amarelo* (1979), de Chico Buarque.

- APROVEITAMENTO INOVADOR DO MATERIAL FOLCLÓRICO: Os textos que seguem essa temática representam as culturas populares de uma forma inovadora, unindo o elemento social e o individual, o universal e o regional, formas narrativas diversas e a incorporação de uma "linguagem popular e oral, que lembra tanto a novela arcaica quanto o cordel" (Lajolo; Zilberman, 2004, p. 159). Exemplo: *O misterioso rapto de Flor-de-Sereno* (1979), de Haroldo Bruno.

Além da incorporação de novos temas não abordados anteriormente, nas novas publicações o elemento gráfico adquiriu ares de modernidade. A linguagem não verbal, como se fosse um segundo texto, passou a configurar visualmente o significado da escrita. Sua função não era mais meramente ilustrativa; agora, o desenho assumia autonomia de significação, como pode ser mostrado nas obras *Flicts* (1969), de Ziraldo; *Ida e volta* (1976), de Juarez Machado; *Depois que todo mundo dormiu* (1979), de Eduardo Picchi; e *O menino maluquinho* (1980), de Ziraldo.

A partir dessa época, a poesia destinada a crianças e adolescentes ficou cada vez mais afastada dos temas e dos esquemas poéticos do início do século. Além disso, o registro textual em uma linguagem infantilizada, na qual estão presentes ensinamentos exemplares e morais a serem seguidos e vultos familiares e patrióticos a serem imitados foi abandonado; estava declarada uma revolta formal e conteudística na escrita poética. Consequentemente, delineou-se uma poesia marcada pela recorrência a assuntos ligados ao mundo dos leitores, como o cotidiano infantil, a natureza e as brincadeiras. Seus versos passaram a ser marcados pela ênfase do significante, ou seja, do ritmo e da sonoridade das palavras, por meio da recuperação do tradicional repertório poético infantil. As obras *Pé de pilão* (1968), de Mário Quintana, *A arca de Noé* (1974), de Vinicius de Moraes, e *A dança dos pica-paus* (1976), de Sidônio Muralha, são alguns exemplos de textos que conseguem mediar, com êxito, a relação existente entre a criança ou o jovem com o poema, transportando o leitor para um mundo de sons, sensações, cores e sinestesias.

Apesar das restrições impostas pela censura governamental, a literatura infantojuvenil do período apresentou um caráter inovador, ao aderir a determinadas correntes da narrativa contemporânea, incorporando algumas conquistas dos escritores modernistas. Sua temática, libertando-se dos anteriores compromissos com os conteúdos escolares e com a função educativa da leitura, passou a incluir tópicos atuais, presentes na realidade das grandes cidades brasileiras. Ao lado da narrativa, observou-se a renovação da poesia, que, rompendo também com a tradição pedagógica, revelou-se lúdica e atrativa aos jovens leitores.

(7.3) A consagração: a normalização institucional (de 1985 até a atualidade)

No final do regime militar, teve início o movimento Diretas Já, que mobilizou milhares de pessoas em passeatas e comícios. Entretanto, apesar da campanha, as eleições indiretas permaneceram e permitiram a vitória da chapa encabeçada por Tancredo Neves no Colégio Eleitoral. As expectativas populares na figura emblemática desse político e em seu plano de governo, que defendia a união nacional, a normalização institucional e a retomada do desenvolvimento, frustraram-se com sua morte antes da cerimônia de posse, fato que permitiu a ascensão ao poder do vice-presidente eleito, José Sarney. Ele começou a governar em condições extremamente difíceis, nas quais se destacaram as altas taxas de desemprego, as dívidas interna e externa, a recessão econômica e os elevados índices inflacionários. Para fazer frente a esses desafios, substituiu várias vezes o ministro responsável e implantou diferentes planos econômicos: Plano Cruzado (1986), Plano Bresser (1987) e o Plano Verão (1989). Não obstante as sucessivas mudanças no final do governo, a inflação atingiu níveis nunca antes experimentados. As tentativas de controle inflacionário continuaram com o Plano Collor (1990) e o Plano Collor II (1991) e, no governo Itamar Franco, com o Plano Real (1994). O sucesso desse plano aumentou a popularidade do presidente e levou à eleição do antigo ministro da Fazenda, Fernando Henrique Cardoso (FHC), no primeiro turno do pleito presidencial de outubro de 1994. O sucesso da nova política permitiu uma relativa estabilidade da economia, que, apesar de suscetível às mudanças do cenário internacional, perdurou nos mandatos de FHC e de seu sucessor.

As dificuldades econômicas não impediram a normalização institucional; em 5 de outubro de 1988, foi promulgada a sexta Constituição republicana do Brasil – a Constituição Cidadã –, que definiu o país como uma república federativa, formada pela união indissolúvel dos estados, dos municípios e do Distrito Federal e constituída como Estado democrático de direito que se fundamentou nos princípios da soberania nacional, da cidadania, da dignidade da pessoa humana, dos valores sociais do trabalho e da livre iniciativa e do pluralismo político. De acordo com a Carta Magma de 1988, é inviolável a liberdade de consciência e de crença, sendo assegurado o livre exercício dos cultos religiosos e a livre expressão da atividade intelectual, artística, científica e de comunicação, independentemente de censura ou licença.

Essas garantias constitucionais têm assegurado a liberdade de imprensa e a livre manifestação de opiniões, mesmo quando dissidentes e contestatórias.

Em consequência, multiplicaram-se rapidamente as denúncias de corrupção e de mau uso dos recursos públicos, que, em algumas oportunidades, levaram à mobilização de entidades da sociedade civil e à instauração de comissões parlamentares de inquérito (CPIs), as quais resultaram tanto em abertura de processos de *impeachment*, como no Caso Collor, quanto em intermináveis procedimentos judiciários, como no "Mensalão".

Paralelo ao contexto sociopolítico, na segunda metade da década de 1980, continuaram significativos os investimentos na área da literatura infantojuvenil, tanto em termos de novos e sucessivos lançamentos quanto na sua divulgação e comercialização destes. A forma de produzir e circular os livros se modernizou e deu início a uma ampliação de programas destinados à formação de educadores e de gestores em questões de leitura e literatura. Por conseguinte, ocorreu um desenvolvimento notório do comércio especializado com a instalação, nas livrarias, de setores próprios direcionados aos leitores mirins e adolescentes; em decorrência desse fato, cresceu o universo de artistas gráficos e escritores dedicados à produção de textos para esse público (Lajolo; Zilberman, 1999).

Dentro de uma nova conjuntura, na qual estava presente a defesa das igualdades raciais e culturais, foi expressivo o número de autores que retomaram o registro de nossas raízes históricas e culturais, com ênfase nas nossas origens indígena e africana. A representação da diversidade brasileira foi exposta em narrativas que têm como protagonistas crianças e jovens negros, mulatos e curumins. Essas personagens revelaram ao leitor o seu mundo cultural, representado por suas comidas, suas lendas, seus cantos, seus ritmos e suas danças. Tal temática pode ser encontrada, por exemplo, nas obras *Assim é que lhe parece* (1995), de Sylvia Orthof; *Sangue de índio* (1999), de Rogério Andrade Barbosa; *Irandu: o cão falante* (2001), de Olívio Jecupé; e *Benjamin: o filho da felicidade* (2007), de Heloísa Pires Lima.

Ao lado da retomada dos mitos indígenas e africanos, a literatura infantojuvenil também se debruçou sobre assuntos ligados às relações interpessoais. Tais obras abordam temas como a separação dos pais vista pela óptica da criança, como pode ser visto em *Cristaleira* (1995), de Bia Hetzel; ou a dor da saudade do primeiro amor, retomado sob o olhar da memória, narrado em *Por parte de pai* (1995), de Bartolomeu Campos de Queirós. Na opinião de Coelho (1991), a totalidade dos textos produzidos no período evidencia três correntes de literatura, que são:

- REALISTA: Registra o cotidiano infantil ou juvenil, informa sobre o modo de viver das pessoas nas regiões brasileiras e aborda temas como o divórcio dos pais e suas consequências, o uso de drogas, o racismo, o menor abandonado etc.

- Fantasista: Cria histórias dentro de um mundo maravilhoso e do inverossímil.
- Híbrida: Apresenta a fusão da realidade com a fantasia, dificultando a delimitação existente entre os dois universos.

A poesia, por sua vez, continuou a explorar a invenção e a escrita de uma palavra especial destinada a despertar a curiosidade, a emoção, o lúdico, o pitoresco e a graça. Na sua estrutura aparecem os versos curtos em estrofes breves, em que é marcante nas situações poéticas a presença de jogos de palavras, de trava-línguas, de trocadilhos e de onomatopeias. Dessa forma, o leitor encontra na leitura dos poemas infantojuvenis contemporâneos uma oportunidade para brincar com as palavras, os sons e as ideias.

O último momento da literatura infantojuvenil brasileira abordado neste estudo corrobora a posição de romper com a pedagogia conservadora, a qual por muito tempo aprisionou o gênero. Agora, a tendência é continuar com a produção de textos que estejam investidos de seu caráter de produto cultural. Esperamos que as gerações futuras de leitores possam usufruir dessa conquista.

Atividades

1. Durante o Período Populista, o espaço rural foi transfigurado em local de:
   a. adversidade e história.
   b. história e lazer.
   c. aventura e idealização.
   d. origem e aventura.

2. Um dos procedimentos usados nos textos infantis que os aproximam da literatura adulta situa-se nos níveis:
   a. temáticos e estilísticos.
   b. metafóricos e gramaticais.
   c. temporais e metafóricos.
   d. temáticos e gramaticais.

3. Entre 1964 e 1985, a produção literária modificou-se devido ao surgimento de um público:
   a. inovador e leitor.
   b. leitor e contemporâneo.
   c. leitor e consumidor.
   d. consumidor e contestador.

4. A poesia produzida a partir de 1985 caracterizou-se por uma atitude de:
   a. ruptura.
   b. conservadorismo.
   c. verossimilhança.
   d. ensinamento.

5. "Em sua totalidade, a literatura infantojuvenil do período corresponde ao regime militar e prioriza um conjunto de temas e de formas _____ presentes na narrativa pós-moderna."
   a. uniformes.
   b. tradicionais.
   c. históricos.
   d. diversificados.

(8)

A narrativa infantojuvenil
brasileira contemporânea:
principais tendências e autores

Edgar Roberto Kirchof possui graduação em Letras – Português-Alemão pela Universidade do Vale do Rio dos Sinos (Unisinos), mestrado em Semiótica também pela mesma instituição, doutorado em Teoria da Literatura pela Pontifícia Universidade Católica do Rio Grande do Sul (PUCRS) e pós-doutorado em Biossemiótica pela Universidade de Kassel, na Alemanha.

Edgar Roberto Kirchof

Neste capítulo, apresentaremos algumas das principais tendências e alguns dos principais autores ligados à narrativa infantojuvenil brasileira contemporânea, sendo que o período de abrangência aqui abordado compreende o espaço de tempo entre 1965 até o presente. Visto que se trata de um período bastante vasto, do qual inúmeros autores podem ser considerados representativos, e dado o caráter introdutório deste capítulo, não há intenção de fazer uma apresentação exaustiva de autores e obras; tampouco queremos aprofundar temáticas ou características estéticas e literárias específicas. Antes, este capítulo pretende ser uma breve introdução didática cuja principal finalidade é despertar em você o interesse por um maior aprofundamento com base na bibliografia de apoio e na leitura das obras aqui mencionadas.

(8.1) Algumas considerações preliminares

Até a década de 1950, a ficção infantojuvenil brasileira foi marcada por um forte traço rural no que diz respeito às principais temáticas abordadas. Em parte, esse fenômeno pode ser explicado pela influência da obra de Monteiro Lobato, *O Sítio do Pica-Pau-Amarelo*, visto esse autor ter sido praticamente o fundador de uma literatura infantojuvenil genuinamente nacional. Por outro lado, contudo, essa predominância tão forte no que diz respeito à representação do mundo rural passou a perder espaço a partir da década de 1960, devido ao avanço do processo de industrialização do Brasil, o qual se fez notar de modo gradativamente mais intenso desde então.

Em outros termos, o Brasil se transforma, aos poucos, de um país eminentemente agrário em um país cada vez mais alinhado com o capitalismo internacional, e a literatura infantojuvenil – como não poderia deixar de ser – passa a abordar os problemas e crises inerentes a essa nova configuração econômica e sociocultural. As temáticas representadas tornam-se, portanto, predominantemente urbanas, numa visão crítica, por vezes, influenciada por concepções políticas de esquerda ou, por vezes, simplesmente interessada em explorar, numa vertente mais intimista, a perda da identidade infantil devido às agruras desse novo universo. Na verdade, apesar da recorrência de temáticas, há bastante diversidade quanto ao modo como as questões do mundo urbano são abordadas, o que pode variar de acordo com as concepções estéticas e ideológicas de cada autor específico.

A literatura infantojuvenil contemporânea, em vez de retratar as aventuras de pequenos protagonistas que visitam o interior do Brasil e se encantam com as maravilhas que encontram nos sítios, nas fazendas e nas florestas – como era comum até a década de 1950 –, passou a privilegiar heróis que precisam enfrentar problemas tipicamente urbanos, como a pobreza, a violência, o desemprego, o autoritarismo dos adultos, a separação e o divórcio dos pais, a descoberta da sexualidade, a orfandade e a drogadição, para citar apenas alguns dos mais comuns. Por outro lado, nas obras mais recentes, também há uma preocupação bastante intensa com a exploração de recursos metalinguísticos, intertextuais e interssemióticos, o que aponta para uma influência acentuada da estética predominante na literatura moderna e pós-moderna dedicada ao universo adulto.

Outro aspecto a ser destacado é que, juntamente com essa mudança de temática e de perspectiva ideológica, também a partir da década de 1960, houve um crescimento muito expressivo da produção e da circulação de obras. Esse fato ocorreu, em grande medida, por conta da multiplicação de programas e instituições destinados à divulgação e à promoção da leitura entre o público infantil e juvenil – na escola e fora da escola –, tais como a Fundação do Livro Escolar, a Fundação Nacional do Livro Infantil e Juvenil, a Academia Brasileira de Literatura Infantil e Juvenil, entre várias outras. O trabalho fomentado por tantas instituições, com base na concepção de que é importante fortalecer o estímulo à leitura como uma das principais ações educativas, acabou criando um clima propício para a proliferação do gênero da literatura infantojuvenil no Brasil contemporâneo.

O Instituto Nacional do Livro, por exemplo, passou a editar e publicar um número cada vez maior de obras, o que coincidiu com um grande investimento também por parte da iniciativa privada. O primeiro resultado, muito evidente, é o aumento vertiginoso quanto ao número de obras publicadas e de autores interessados em produzir para o público infantil e juvenil. Essa fonte de mercado tão promissora chamou a atenção, inclusive, de autores consagrados da literatura para adultos, que passaram a produzir também obras infantis, tais como Mario Quintana, Cecília Meireles, Vinicius de Moraes e Clarice Lispector, para citar apenas alguns dos mais conhecidos. Ainda hoje é muito comum autores identificados com a literatura para adultos também dedicarem uma ou algumas obras para o público infantil e juvenil.

Dentro desse contexto, a partir da década de 1960, surgiram excelentes autores mais diretamente vinculados apenas ao gênero da assim chamada *literatura infantojuvenil* e, dentro desse gênero, especialmente interessados no modo narrativo, tais como Ruth Rocha, Ana Maria Machado, Vivina de Assis Viana, Lygia Bojunga Nunes, Sérgio Capparelli, entre tantos outros que poderiam ser aqui citados. Vejamos agora um esquema didático para ilustrar algumas das principais tendências literárias criadas por tais autores.

(8.2) Principais tendências

Inicialmente, chama a atenção uma linha que poderíamos denominar de *realismo social*, iniciada já na década de 1960, a partir da qual são apresentados problemas ligados à vida na cidade. Conforme já afirmado na seção anterior, o principal traço diferenciador da literatura infantojuvenil contemporânea com relação ao que se escrevia anteriormente à década de 1960, no Brasil, diz respeito à inversão do predomínio quanto à temática rural em direção a temáticas tipicamente urbanas. Segundo Lajolo e Zilberman (2004), um dos primeiros livros a apontar nessa direção é *Aventuras do escoteiro Bila*, escrito em 1964 por Odette de Barros Mott, que aborda a trajetória de um menino – Bila, do título – que migra, juntamente com sua família, para a cidade. Essa obra apresenta uma visão não tão otimista quanto à vida na cidade, uma vez que retrata várias das dificuldades encontradas pela família no processo da migração.

A partir de então, um grande número de obras passou a abordar, de modo cada vez menos tímido, os problemas ligados à vida urbana. *A rosa dos ventos*, escrito em 1972, também de Odette de Barros Mott, deu um passo decisivo nessa direção, pois destruiu qualquer possibilidade de idealismo quanto à vida urbana, ao retratar as agruras de um grupo de jovens da periferia de São Paulo que trabalha no centro da cidade. De certo modo, podemos dizer que esse livro deu início a uma série de outros livros dedicados ao submundo dos menores abandonados. Alguns dos principais títulos e autores que poderiam ser nomeados nesse contexto são *Lando das ruas* (1975), de Carlos de Marigny; *Pivete* (1977), de Henry Correia de Araújo; *Coisa de menino* (1979), de Eliane Ganem; *Os meninos da Rua da Praia* (1979), de Sérgio Capparelli, entre vários outros.

Outra vertente muito significativa é a que reaviva a TRADIÇÃO DO MARAVILHOSO E DO FANTÁSTICO, mesmo que seja para ressignificá-lo. Trata-se de uma tendência alinhada com o MUNDO DOS CONTOS DE FADAS. No entanto, com exceção daquelas obras produzidas sem preocupações estéticas e literárias evidentes, o fantástico e o maravilhoso não são empregados, na literatura contemporânea, com a finalidade exclusiva do entretenimento, mas no intuito, talvez paradoxal, de levar o leitor a se confrontar com o próprio real. Esse projeto é concretizado, muitas vezes, pela inversão de estereótipos e clichês cristalizados pelas histórias dos Irmãos Grimm e por outros clássicos do gênero, por meio da paródia e de outros recursos estilísticos que poderíamos considerar pós-modernos.

Dois livros bastante exemplares nesse sentido são *O reizinho mandão* (1978), de Ruth Rocha, e *História meio ao contrário* (1979), de Ana Maria Machado, nas quais, apesar do predomínio de reis, príncipes, princesas, gigantes, pastores, os desfechos são absolutamente diversos daqueles geralmente encontrados nos contos tradicionais. Algumas das obras que poderiam ser citadas dentro dessa mesma linha – sem qualquer pretensão de exaustão – são as seguintes: *A fada desencantada* (1975), de Eliane Ganem; *Onde tem bruxa tem fada* (1979), de Bartolomeu Campos de Queirós; *Sapomorfose, o príncipe que coaxava* (1983), de Cora Rónai, entre várias outras. Podemos notar ainda que uma das histórias tradicionais mais reinventadas é *Chapeuzinho Vermelho*, que ganhou, entre algumas das versões entrementes mais conhecidas, a de Chico Buarque, *Chapeuzinho Amarelo* (1979).

Juntamente com essa tendência à paródia e à inversão, o maravilhoso também foi utilizado por alguns autores de um modo que se aproxima mais da estética simbolista e, por vezes, surreal e menos dos projetos ligados às escolas do modernismo e, sobretudo, do pós-modernismo. É o caso, por exemplo, dos belíssimos contos de fadas criados por Marina Colasanti, nos quais predomina um ambiente onírico com base no qual inúmeras questões ligadas ao inconsciente vão sendo reveladas de modo sempre intrigante e surpreendente. Outro aspecto interessante quanto a essa linha da literatura infantojuvenil é uma certa tendência a privilegiar o universo feminino. Esse traço não é predominante apenas nos contos de Marina Colasanti, mas também em várias outras obras com tendência para o fantástico e o maravilhoso, como *O rei de quase tudo* (1974), de Eliardo França; *O fantástico mistério de feiurinha* (1986), de Pedro Bandeira e também a já mencionada *História meio ao contrário*, de Ana Maria Machado.

Uma terceira vertente está ligada aos gêneros da FICÇÃO CIENTÍFICA e do MISTÉRIO POLICIAL. É interessante notar, inicialmente, que esse gênero ou espécie literária proliferou muito mais no campo da literatura infantojuvenil do que na literatura voltada para adultos, sendo que a especificidade INFANTOJUVENIL dessas obras decorre do fato de os principais protagonistas serem geralmente crianças e jovens em busca de resolver mistérios ligados a assassinatos, mortes ou, no caso da ficção científica, a acontecimentos que, muitas vezes, beiram o fantástico. Algumas das obras que podem ser consideradas representativas dessa tendência são *A vaca voadora* (1972), de Edy Lima; *O gênio do crime* (1969), de João Carlos Marinho; e *Peter Bullet: um caso complicado* (2002), de Kleber Boelter. Merecem um destaque especial os livros de Stella Carr, tais como *O enigma do Autódromo de Interlagos* (1978), *O incrível roubo da loteca* (1978) e *O caso do sabotador de Angra* (1980).

Talvez seja possível falar também de uma VERTENTE INTIMISTA na literatura infantojuvenil contemporânea, cuja principal representante é, sem dúvida, Lygia Bojunga Nunes. Apesar de essa reconhecida escritora também lançar mão de aspectos ligados à crítica social – como em *A bolsa amarela* (1976) – e mesmo ao mundo maravilhoso, por vezes, chegando ao surreal – como no caso de *Corda bamba* (1975), em que não se sabe ao certo se a protagonista sonha com uma corda que a liga a outro universo ou se efetivamente vivencia aquelas cenas –, uma das características predominantes na obra dessa escritora reside na questão do PONTO DE VISTA ou FOCO NARRATIVO. Esse aspecto privilegia a interioridade e a subjetividade das personagens – frequentemente, personagens-narradores –, o que permite à autora realizar reflexões profundas em torno da questão da identidade.

Por fim, também merecem destaque duas outras vertentes que se fazem muito presentes em um número expressivo de obras contemporâneas, mas que fogem um pouco às principais características canônicas da literatura infantojuvenil, a saber, uma tendência cada vez mais alinhada com o EXPERIMENTALISMO, de um lado, e uma vertente muito alinhada com o MERCADO DE CONSUMO e com a velha

TRADIÇÃO PEDAGÓGICA da literatura infantojuvenil, de outro. As próximas seções deste capítulo serão dedicadas a essas vertentes.

(8.3) Os limites da narrativa

Historicamente, o gênero da ficção dedicada ao público infantojuvenil buscou sua principal fonte de inspiração nos contos de fada, muitos deles coletados pelos Irmãos Grimm, na Alemanha, e por Charles Perrault, na França, bem como em escritores como o dinamarquês Christian Andersen e o italiano Carlo Lorenzini (pseudônimo Carlo Collodi), criadores de histórias muito conhecidas, como *O Soldadinho de Chumbo* e *Pinóquio*. Um dos aspectos estruturais mais evidentes nessas histórias é o fato de possuírem enredos muito lineares, que seguem, geralmente à risca, o sistema quinário clássico, no qual há uma situação inicial que é desestruturada por alguma perturbação. Em seguida, vão sendo narrados episódios que seguem em direção a um desfecho, geralmente positivo. A situação de extrema tensão que antecede o desfecho caracteriza o clímax da obra e, após o desfecho, encontra-se com frequência uma situação final. No que tange ao foco narrativo, geralmente predomina uma focalização onisciente.

Esse tipo de enredo linear vem sendo sistematicamente abandonado pela literatura produzida para o universo adulto desde as vanguardas do século passado e, principalmente, a partir do modernismo e do pós-modernismo, cedendo espaço para diversos tipos de experimentação com a forma literária e com diferentes possibilidades de ponto de vista. Segundo Zilberman (2005), uma das tendências mais significativas da literatura infantojuvenil contemporânea – desde a década de 1960, mas principalmente as obras produzidas mais recentemente – segue exatamente nessa trilha experimentalista. Nesse contexto, inicialmente, podemos chamar a atenção para duas principais características estético-literárias altamente apreciadas: a metaficção e a intertextualidade.

Um livro que pode exemplificar o processo metaficcional é *Um homem no sótão* (1982), de Ricardo Azevedo, em que o próprio procedimento da escrita é tematizado, primeiro, na medida em que a obra inicia com a numeração de páginas invertida – o livro começa na página 30 e termina na página 1 – e também pelas reflexões realizadas pelo escritor-protagonista, ao longo do livro, sobre o processo de sua escrita. Quanto à intertextualidade, está presente já nas inúmeras obras que dialogam – de forma paródica ou por outros processos estilísticos – com os contos de fada. No entanto, em obras mais recentes, como em *Amigos secretos* (1996), de Ana Maria Machado, ocorrem relações intertextuais com o campo da literatura infantojuvenil brasileira, na medida em que são estabelecidos diálogos com os principais personagens da obra *O Sítio do Pica-Pau-Amarelo*, de Monteiro Lobato.

Para além da metaficção e da intertextualidade, a literatura infantojuvenil contemporânea também abre espaço para experimentações mais radicais, muitas vezes extrapolando os próprios limites da linguagem verbal. De certo modo, podemos dizer que esse gênero já possui, desde a sua própria origem, uma tendência interssemiótica inerente, pois, na maior parte dos livros infantis, as narrativas verbais vêm acompanhadas de ilustrações visuais. Em muitos casos, mas principalmente em obras mais antigas, as ilustrações não passam de um complemento – por vezes dispensável – da própria história. Contudo, em obras mais recentes e mais bem acabadas do ponto de vista estético, a ilustração é muito mais do que um mero complemento, levando àquilo que autores contemporâneos denominam de *intermidialidade*, ou seja, uma hibridação de códigos semióticos.

Uma obra bastante representativa e talvez pioneira dessa tendência é *Flicts* (1969), de Ziraldo, pois nela o enredo simplesmente não pode ser compreendido sem a leitura das imagens, o que faz com que estas não se caracterizem como meras ILUSTRAÇÕES, mas que adquiram o estatuto de sequências da própria narrativa. Por essa razão, não pode mais ser considerada puramente verbal. A partir de então, são inúmeras as experimentações realizadas, em livros infantis, com linguagens não verbais. Apenas a título de exemplo, podemos destacar, ainda, o já citado *Sapomorfose, o príncipe que coaxava* (1983), de Cora Rónai, em que o leitor é chamado a brincar com as imagens do livro, colorindo-as e completando algumas lacunas ou, então, os livros de Juarez Machado e Angela Lago[a].

Por fim, podem ser destacados ainda alguns rumos mais radicais tomados pelo experimentalismo interssemiótico dentro do campo da ficção infantojuvenil contemporânea. Nesse sentido, mencionamos, inicialmente, as várias possibilidades de interssemioticidade já amplamente praticadas, como a tradução de narrativas originalmente pertencentes à literatura infantojuvenil para a linguagem das histórias em quadrinhos ou do cinema – por exemplo, a filmagem de *O Menino Maluquinho*, de Ziraldo.

Um dos campos mais promissores, nesse sentido, está na possibilidade de experimentação com a linguagem típica do ambiente virtual. À medida que tópicos e enredos originalmente produzidos no campo da literatura infantojuvenil migram para o computador, existe uma tendência a que tais narrativas

---

[a]. Para uma reflexão um pouco mais profunda sobre a questão do verbal e do não verbal na literatura infantil contemporânea, verificar o capítulo "Quando fala a ilustração", em Regina Zilberman – *Como e por que ler a literatura infantil brasileira* (2005) –, e, principalmente, o livro organizado por Ieda de Oliveira – *O que é qualidade em ilustração no livro infantil e juvenil: com a palavra o ilustrador* (2008).

realizem uma hibridação com a linguagem típica desse ambiente, a saber, o HIPERTEXTO, em que predominam recursos como a hipermidialidade e a interatividade, entre vários outros[b].

Até o presente, inúmeros jogos eletrônicos destinados a jovens e crianças já vêm explorando, talvez de forma ainda um tanto parasitária, tópicos retirados do universo da narrativa infantojuvenil, o que tem levado tais jogos a adquirirem um caráter cada vez mais narrativo, ao mesmo tempo que são interativos e extremamente hipermidiáticos. Uma das grandes inquietações, nesse sentido, diz respeito ao futuro da narrativa infantojuvenil à medida que efetivamente passar a explorar os recursos da hipertextualidade. A principal dúvida gira em torno da seguinte pergunta: "Se o jogo eletrônico é uma narrativa que se distingue das narrativas tradicionais justamente por fazer uso de recursos propriamente hipertextuais, experimentações literárias com a narrativa hipertextual podem acabar reproduzindo os jogos eletrônicos?"[c].

(8.4) De novo, a velha tendência pedagógica da ficção infantojuvenil

Não podemos negar que as várias políticas de fomento à leitura entre o público infantojuvenil, a partir da década de 1960, muitas delas financiadas diretamente pelo governo e ligadas à escola, geraram um filão de mercado extremamente promissor e, para muitos, tentador. No entanto, tais políticas criaram pelo menos duas principais consequências, no mínimo, questionáveis – talvez pudéssemos falar de EFEITOS COLATERAIS: primeiro, no afã de produzir e vender em grande quantidade, muitos dos livros encontrados hoje nas livrarias e mesmo nas escolas possuem um valor literário questionável, pois não passam de historinhas repletas de clichês fáceis e de estereótipos muitas vezes lastimáveis – por meio dos quais são reforçados preconceitos de cor, de classe, de crença religiosa, entre outros –, mesmo que, muitas vezes, tais livros sejam produzidos com material gráfico e iconográfico de primeira linha[d].

---

b. Para uma reflexão sobre a questão do hipertexto e da literatura infantojuvenil, verificar, entre outros, o artigo "Produção cultural digital para a criança", de Sérgio Capparelli e Raquel Longhi (2003).

c. Para uma discussão mais profunda sobre esse assunto, verificar Edgar Roberto Kirchof em "Narrativa e hipertexto" (2008).

d. Para uma análise de alguns desses estereótipos, verificar, entre vários outros, Rosa Maria Hessel Silveira, *Professoras que as histórias nos contam* (2002).

Outra consequência também questionável é que esse laço tão forte com a escola acabou reavivando, no caso de muitas obras, o vínculo estreito com o caráter pedagogizante e didático que o gênero da ficção infantojuvenil apresenta desde o seu surgimento, na Europa, no final do século XVII e início do século XVIII. Além de muitos livros recentes estarem imbuídos de intenções explícitas de ensinar matemática, ciências, biologia e outras disciplinas escolares, vários deles estão aparelhados com material paradidático e mesmo paratextual, anexos explicativos e outros recursos pedagógicos, o que os torna muito parecidos com cartilhas escolares.

Se, no passado, grande parte das histórias infantojuvenis era produzida para ensinar regras de bom comportamento, obediência cívica e religiosa, além de outros valores morais, desde a década de 1990 até hoje, um número muito expressivo de obras possui um caráter didático muito claro no sentido de ensinar a crianças e jovens a política do respeito às diferenças. Há uma quantidade surpreendente de livros que abordam a temática da marginalização de personagens como crianças pobres, índios, negros, cegos, cadeirantes, meninas em situação de desvantagem por causa do próprio gênero, entre outros.

Em termos de composição, a maioria dessas obras gira em torno do seguinte paradoxo: de um lado, tentam construir heróis caracterizados de forma sempre positiva, capazes de transpor os obstáculos apresentados no decorrer do enredo; de outro lado, porém, o herói diferente já é marcado, *a priori*, por um traço incomum em personagens de histórias tradicionais, a própria diferença, UM OBSTÁCULO EM PRINCÍPIO INTRANSPONÍVEL, pois etnia, deficiências físicas ou condição de gênero não podem ser modificadas, sob pena de um atentado por demais violento à verossimilhança. O dilema que se coloca, portanto, é: Como construir um herói capaz de superar a própria diferença, sem realmente superá-la?

Visto que muitas dessas obras possuem um compromisso bastante evidente com o mercado de consumo e, por conseguinte, com uma PEDAGOGIA DA FELICIDADE A QUALQUER CUSTO, empregam a estratégia simplista de APAGAR AS POSSÍVEIS CONSEQUÊNCIAS ADVINDAS DA DIFERENÇA ABORDADA, de um lado, sugerindo que é POSSÍVEL SUPERAR OS EFEITOS NEGATIVOS DA CONDIÇÃO DE DIFERENTE ATRAVÉS DE ATITUDES OU ACONTECIMENTOS COMPENSATÓRIOS. Um cego, por exemplo, pode ser benquisto em sua comunidade por outros atributos, como simpatia, inteligência, integridade. O paraplégico, por sua vez, geralmente é exaltado por suas habilidades paraolímpicas. O índio é o redentor da natureza e arauto de valores ecológicos, e assim por diante[e].

---

e. Para uma análise detalhada de várias obras com esse perfil, verificar Edgar Roberto Kirchof e Rosa Maria Hessel Silveira em "Professoras moralizadoras, normalizadoras ou ausentes: a literatura infantil retratando as diferenças" (2008).

Para concluir, talvez seja interessante ressaltar o quanto esse tipo de ficção pedagógica e voltada para o consumo fácil – praticado ostensivamente na atualidade – contrasta com a tendência cada vez mais experimental a que tendem os autores mais consagrados da narrativa infantojuvenil contemporânea no Brasil.

Atividades

1. Qual das alternativas a seguir contém uma característica típica da narrativa infantojuvenil produzida antes da década de 1960, no Brasil?
   a. Forte influência da literatura produzida na Europa e nos Estados Unidos.
   b. Temáticas tipicamente rurais.
   c. Temáticas tipicamente urbanas.
   d. Experimentalismo e inversão de pontos de vista.

2. Qual das alternativas a seguir relaciona apenas temáticas predominantes na ficção infantojuvenil contemporânea?
   a. Violência, vida no sítio, separação e divórcio dos pais.
   b. Descoberta da sexualidade, pobreza, vida na fazenda.
   c. Orfandade, drogadição, férias na Floresta Amazônica.
   d. Pobreza, autoritarismo dos adultos, violência.

3. Qual dos seguintes autores é bastante conhecido por utilizar intensamente o maravilhoso em seus contos?
   a. Marina Colasanti.
   b. Stella Carr.
   c. Ziraldo.
   d. Ricardo Azevedo.

4. Qual dos seguintes autores pode ser considerado um pioneiro quanto ao modo como a ilustração pode ser empregada em narrativas infantojuvenis?
   a. Ruth Rocha.
   b. Ziraldo.
   c. Ana Maria Machado.
   d. Sérgio Capparelli.

5. Qual é a questão mais intrigante no que tange à migração da narrativa infantojuvenil para o ambiente virtual?
   a. A leitura deixará de ser atrativa para os jovens.
   b. Certamente não haverá mais distinção entre uma obra de ficção e um jogo de computador.
   c. A principal questão diz respeito às relações da narrativa com o jogo, que podem passar a se tornar muito semelhantes.
   d. A migração da narrativa infantojuvenil para o ambiente virtual será um grande ganho, pois a criança e o jovem certamente se interessarão mais pela leitura quando todas as histórias estiverem no ambiente virtual.

(9)

A poesia infantojuvenil
brasileira contemporânea:
principais tendências e autores

Edgar Roberto Kirchof

Neste capítulo, apresentaremos algumas das principais tendências e alguns dos principais autores ligados à poesia infantojuvenil brasileira contemporânea, sendo que o período de abrangência aqui abordado compreende a década de 1960 até o presente. Não pretendemos fazer aqui uma apresentação completa de todos os autores e obras, além de não aprofundarmos todas as temáticas ou características de cada autor e obra em específico. Trata-se de um panorama introdutório que tem a pretensão de encorajar o leitor a buscar maior aprofundamento com base na bibliografia de apoio e, principalmente, na leitura das próprias obras aqui citadas.

(9.1) Um pouco de história

Antes de abordar tendências e autores identificados com a literatura infantojuvenil propriamente dita, é importante destacar que, talvez mais do que no caso da narrativa, não existem critérios absolutos para diferenciar a poesia destinada a crianças da poesia destinada a adultos. Isso se deve, em grande parte, ao fato de que a lírica – independentemente de seu destinatário – é um gênero em que predomina grande potencialidade quanto ao jogo lúdico com a própria linguagem, algo apreciado pelo público infantojuvenil em todas as épocas. Crianças, talvez até mesmo mais do que adultos, deleitam-se com jogos sonoros, rimas, aliterações, invenção de novas palavras, entre outros tantos recursos poéticos.

A partir do final do século XVII e do início do século XVIII, vários autores europeus passaram a produzir uma literatura especificamente voltada para crianças e jovens, o que ocorreu devido às várias transformações sociopolíticas pelas quais atravessava a Europa naquele período, as quais afetaram o modo como a criança passou a ser vista. É apenas a partir desse período, portanto, que podemos falar de POESIA INFANTOJUVENIL, um subgênero ou espécie poética caracterizada pelo tipo de receptor a que se destina.

A poesia que se pretende voltada para o público infantil, a partir do século XVIII, vincula-se inicialmente a duas instituições sociais: a família burguesa e a escola. Nela, o mundo infantil passa a ser representado como um universo marcado por ternura, inocência e ingenuidade, valores muito caros à burguesia ascendente daquela época. De outro lado, a criança também passou a ser vista como um ser que necessita de educação e disciplina. O resultado dessa combinação foi que a literatura infantojuvenil, e especialmente a poesia, nasceu como um instrumento pedagógico considerado extremamente eficiente para ensinar, na escola e fora dela, os valores morais, cívicos e religiosos que a burguesia de então via como apropriados e necessários para uma boa formação.

No Brasil, o nascimento de uma poesia infantojuvenil genuinamente nacional está muito ligado ao movimento parnasiano (a partir do final do século XIX), o qual compartilha diretamente dessa visão pedagógica sobre esse gênero.

No universo da literatura para adultos, o ideário parnasiano sofreu um revés irreversível a partir do modernismo, inaugurado pela Semana de Arte Moderna, em 1922. A poesia infantojuvenil, contudo, teria de esperar até as décadas de 1960 e 1970 para começar a incorporar as inovações modernistas, o que levaria, anos mais tarde, a uma produção desinteressada de valores cívicos e morais e mais preocupada em representar o próprio universo cognitivo e emocional da criança e do jovem. Antes de abordarmos alguns dos principais autores e obras, bem como desenvolvimento mais recente da poesia infantojuvenil brasileira, vejamos algumas das suas principais fontes.

(9.2) A poesia contemporânea e suas fontes

A poesia endereçada especificamente a crianças possui suas origens em três principais fontes: adaptações de poemas originalmente destinados a adultos, poemas folclóricos – sendo que nem todos são originalmente produzidos para crianças – e criações poéticas destinadas a crianças, produzidas em estilos ligados a movimentos literários específicos (Bordini, 1991). No que tange à poesia infantojuvenil brasileira, essas três vertentes estiveram e ainda estão bastante presentes desde que surgiram os primeiros poemas brasileiros para crianças e jovens, no início do século XX.

Traduzir ou recriar?

Quanto às adaptações, são mais comuns no caso de narrativas, pois a poesia possui um diferencial que dificulta essa prática: a isomorfia entre o plano do significante e o do significado. Em outras palavras, um poema sempre tem uma intencionalidade ligada também à sua forma, e não apenas ao conteúdo. Portanto, adaptar um soneto de Camões para jovens ou crianças, para citar uma possibilidade em língua portuguesa, pode levar à perda de várias sonoridades, ritmos e metáforas presentes no poema original.

A questão da tradução se revela especialmente problemática no caso de adaptações realizadas a partir de poemas escritos por grandes clássicos estrangeiros, como Goethe e Shakespeare. Uma obra escrita em língua estrangeira certamente lança mão de sonoridades, ritmos e sutilezas linguísticas inerentes àquele idioma em que foi escrita. Assim, uma tradução que não seja capaz de recriar pelo menos parte desses efeitos na língua utilizada para a tradução acarretará um empobrecimento lastimável da obra original.

Por essa razão, há quem diga que traduzir poesia é algo impossível. Por outro lado, não se pode negar que uma adaptação benfeita pode levar a resultados muito interessantes. Visto se tratar mais de "recriação" do que de "tradução", geralmente esse tipo de prática obtém seus melhores resultados quando realizada por poetas. Um trabalho contemporâneo que pode ser citado aqui como exemplo bem-sucedido, entre outros, são as adaptações de Tatiana Belinky em seu *Caldeirão de poemas* (2007).

O folclore, que nunca sai de moda

Até hoje, crianças e jovens apreciam de forma muito especial versos de origem popular e oral, que passam de geração a geração, e cuja autoria normalmente é desconhecida, tais como brincos, parlendas, trava-línguas, adivinhas, canções de roda, entre outras, pois possuem, pelo menos, duas das características mais apreciadas pelo público infantojuvenil quando se trata de poesia: um jogo criativo no plano do significante linguístico, principalmente nos estratos sonoro e morfossintático, e o descompromisso com temas e assuntos considerados sérios, pedagógicos ou escolares.

Observe como essas características se fazem presentes no seguinte trava-línguas, repleto de aliterações, rimas, ritmo, irreverência quanto à criação de neologismos (*mafagafo; desmagafar...*) e quanto à própria lógica:

> *Num ninho de mafagafos,*
> *Seis mafagafinhos há,*
> *Quem os desmafagafar*
> *Bom desmafagatizador será.*

Devido a essas características, a poesia de origem folclórica constitui uma fonte de inspiração bastante apreciada e ainda muito cultivada por autores brasileiros contemporâneos que se dedicam à poesia infantojuvenil. Observe, por exemplo, como, nas primeiras duas estrofes de seu poema *História embrulhada*, o poeta Elias José citado por Aguiar (2002, p. 35) faz uso da famosa parlenda *Atirei o pau no gato*, criando uma intertextualidade dentro do próprio universo da poesia infantojuvenil:

> *Atirei o pau*
> *no gato-tô*
> *mas acertei no pé*
> *do pato-tô.*
>
> *Dona Chica-ca*
> *admirou-se-se*
> *do berrô, do berrô*
> *que o pato deu.*

Estilo literário e poesia infantojuvenil

Quanto aos poemas infantojuvenis produzidos no bojo de tendências estéticas e literárias, podemos dizer que, no Brasil, predominou, inicialmente, a tendência da estética e da ideologia do parnasianismo, pois foram justamente poetas ligados a esse movimento os primeiros a comporem poesias endereçadas especificamente para o público infantojuvenil. A influência desse movimento sobre a poesia infantojuvenil foi tamanha que durou até as décadas de 1960 e 1970, sendo que a poesia destinada a adultos já vinha se modernizando desde a década de 1920.

Observe como um dos nossos primeiros poetas a dedicar obras para o universo infantojuvenil, Olavo Bilac, utiliza os recursos estilísticos – rimas, ritmos, sonoridades – de seu famoso *Soneto à pátria* (Bilac, 1929) para inculcar, no seu leitor-empírico, um amor patriótico pelo Brasil, criando uma atmosfera exageradamente ufanista:

> *Ama, com fé e orgulho, a terra em que nasceste!*
> *Criança! Não verás nenhum país como este!*
> *Olha que céu! Que mar! Que rios! Que floresta!*
> *A natureza, aqui perpetuamente em festa,*
> *É um seio de mãe a transbordar carinhos.*

(9.3) Décadas de 1960 e 1970

Menos preocupada com a rigidez formal e temática, a poesia infantojuvenil passa, a partir dos anos de 1960, a se alinhar cada vez mais com o universo lúdico das próprias crianças e jovens, pois, a partir de então, os autores procuram, em vez de projetar uma perspectiva adulta e pedagógica sobre a criança, compartilhar do seu próprio universo emocional e cognitivo, criando um leitor-modelo com o qual a criança e o jovem desejem efetivamente se identificar. Em poucos termos, foi apenas na década de 1960 que começou a desabrochar uma poesia infantojuvenil brasileira capaz de romper finalmente os vínculos com a velha tradição pedagógica e escolar da poesia parnasiana, alinhando-se, temática e estilisticamente, ao modernismo.

Já nas décadas de 1960 e 1970, surgem, no cenário brasileiro, autores que nos legaram verdadeiras obras-primas dedicadas às crianças. De um lado, incorporando técnicas experimentalistas e, sobretudo, a liberdade quanto aos processos de criação e, de outro lado, adotando uma visão de mundo vinculada com o que se acredita ser um universo mais infantil, essas obras elaboram temas típicos da infância, principalmente situações individuais ou familiares não convencionais, em que a criança ou o jovem encontra um lugar de destaque. No nível figurativo, há uma grande preferência por animais antropomorfizados, estes também realizando ações pouco convencionais e, muitas vezes, divertidas. Mas também podem surgir bailarinas, flores e outros elementos da natureza, como a Lua e os demais astros, palhaços de circo e outros artistas, entre inúmeras possibilidades.

Se é verdade que nos poemas mais recentes predomina o lúdico e, consequentemente, uma visão pouco convencional e frequentemente divertida, por outro lado, não se pode dizer que a poesia infantojuvenil produzida a partir da década de 1960 seja superficial ou que vise apenas ao entretenimento fácil. Autores como Cecília Meireles e Vinicius de Moraes, por exemplo, remetem, em vários de seus poemas, a questões como a efemeridade da vida e a outros problemas existenciais, por meio de temas como o envelhecimento e a morte, a agressividade, a aparente falta de sentido em certos acontecimentos etc. Outros autores e obras que poderiam ser aqui citados como representativos da poesia infantojuvenil produzida principalmente nas décadas de 1960 e 1970 são Sidônio Muralha, com *A TV da bicharada* (1962), Mário Quintana, com *Pé de pilão* (1968), Odylo Costa Filho, com *Os bichos no céu* (1972), e Vinicios de Moraes, com um destaque muito especial para *A arca de Noé* (1974).

Nessa obra extremamente bem acabada do ponto de vista poético, Vinicius de Moraes explora o tema bíblico do dilúvio para realizar uma abordagem inusitada do universo infantil. Em termos formais, existe um lirismo excepcionalmente bem elaborado, no qual predomina uma organicidade entre forma e conteúdo poucas vezes alcançada mesmo em poemas endereçados a adultos. No que tange ao conteúdo, os poemas são de uma simplicidade que se revela aparente, na medida em que uma análise atenta ou uma releitura interessada encontram inúmeros percursos interpretativos possíveis. Apenas a título de exemplo, no poema *As borboletas*[a], já a forma visual é construída com base na distribuição dos versos na página, sugerindo uma das asas da borboleta ou, então, uma borboleta de asas fechadas.

Esse recurso icônico é como que duplicado mediante a reiteração constante da letra "b", tanto em sua forma minúscula quanto em sua forma maiúscula, pois ambos esses grafemas são capazes de sugerir, iconicamente, a imagem da

---

a. Para ler esse poema na íntegra, leia o artigo "Poesia infantil e valor literário: um ponto de vista semiótico", de Edgar Kirchof, no *site*: <http://www.tigrealbino.com.br/texto.php?idtitulo=4f217e2dea41665f90731009b28123f3&&idvolume=27de74a255dc6167e97ea35762ae4f17>.

própria borboleta: a letra minúscula (semelhante à forma da distribuição dos versos) lembra as asas fechadas, ao passo que a letra maiúscula é capaz de sugerir as asas abertas. O efeito desse recurso é duplo, pois atinge tanto a visão quanto a audição, reiterando a imagem da borboleta por meio de dois canais perceptivos.

Além disso, esse poema é bastante aberto semanticamente, pois a metáfora das borboletas pode ser interpretada por marcadores semânticos, como a *diversidade*, a *cor*, a *alegria*, a *ludicidade*, entre vários outros. No entanto, na última estrofe, essas ideias são como que confrontadas com a ideia da *escuridão*, ligada às borboletas pretas, gerando um contraste capaz de instigar ainda mais a polissemia do poema. O que poderia significar, nesse contexto tão alegre, a escuridão das borboletas pretas?

(9.4) Para onde vai a poesia infantojuvenil?

Segundo Zilberman (2005), foi apenas a partir da década de 1980 que a poesia brasileira voltada para crianças e jovens passou por uma revitalização em termos de quantidade e qualidade que a equipara à narrativa produzida para esse mesmo público. Isso não significa a inexistência de poesia infantojuvenil de qualidade anteriormente a essa data, como se pode verificar pela leitura dos autores citados na seção anterior. O que acontece é uma espécie de valorização do gênero, que leva um número cada vez maior de poetas a se dedicarem a esse tipo de produção: nos últimos anos, foi lançada mais da metade de toda a produção poética para crianças e jovens no Brasil.

Assim como no caso da narrativa, ocorre que muitos desses autores já possuem um nome consagrado no âmbito da lírica endereçada a adultos e decidem dedicar algumas obras também ao público infantil. Para citar apenas alguns autores e algumas de suas obras, podemos destacar José Paulo Paes, com *Olha o bicho* (1989), *Poemas para brincar* (1990), *Lé com cré* (1993); Ferreira Gullar, com *Um gato chamado Gatinho* (2000); Manoel de Barros, com *O fazedor de amanhecer* (2001), entre outros. Por outro lado, existem também poetas que têm se dedicado exclusiva ou predominantemente ao público infantojuvenil, tais como Elias José, com *Um rei e seu canudo de pau* (1986); Sérgio Capparelli, com *33 Ciberpoemas e uma fábula virtual* (1996), *Poesia visual* (2000); Roseana Muray, com *Receita de olhar* (1998) etc.

As principais características desses poemas não se desviam muito daquilo que já era praticado nos anos de 1960 e 1970: há um predomínio do universo e da perspectiva infantojuvenil, o que se revela, entre outros fatos, por haver poucos adultos no papel de eu lírico, com exceção de velhos, geralmente caracterizando os avós e o tópico de uma infância feliz. A valorização do lúdico continua sendo uma das tônicas mais fortes, ainda mais que é avalizada pela liberdade de criação e experimentação largamente defendida pelas poéticas do modernismo e do pós-modernismo.

Uma característica bastante presente em vários desses poemas, por outro lado, é a exploração cada vez mais intensa de aspectos visuais, muitos deles balizados por poéticas concretistas e neoconcretistas. Assim, abundam poemas visuais construídos com base em ideogramas, pictogramas, logogramas e outros recursos estilísticos caros ao concretismo, sendo que, em alguns casos, existem inclusive experimentações intersemióticas mais ousadas, ligando ilustração e poema de um modo tão interativo que se chega a uma linguagem híbrida.

Com o surgimento da tecnologia digital, a literatura infantil, especialmente a poesia, também tem sido ampliada – embora, no Brasil, ainda de forma bastante tímida – em direção a criações em meio virtual, nas quais as potencialidades da linguagem hipertextual são efetivamente exploradas. Nos ciberpoemas e nos poemas visuais produzidos por Ana Cláudia Gruszynski e Sérgio Capparelli (2009), por exemplo, é possível perceber algumas possibilidades de ampliações intersemióticas, na poesia infantojuvenil, a partir da hibridação entre poesia e hipertexto.

A migração da poesia para o ambiente virtual permite que a criança BRINQUE com o poema como se fosse um objeto e/ou, muitas vezes, um jogo eletrônico. De outro lado, contudo, essa brincadeira acaba gerando um alargamento das possibilidades significativas do próprio poema, na medida em que, por meio da interatividade, é possível deixar apenas alguns versos em evidência, eliminando outros. É possível, inclusive, suprimir o próprio texto, deixando apenas a imagem em evidência ou vice-versa.

Em poucos termos, no processo da fruição de poemas hipertextuais, o leitor se torna uma espécie de coautor, pois é capaz de CONFIGURAR e ALTERAR constantemente a maneira como o poema deve ser lido, criando percursos de leitura próprios. Como percebemos com base nessa breve reflexão sobre os novos rumos da poesia infantojuvenil, portanto, as transformações já anunciadas pela migração da poesia infantojuvenil rumo ao ambiente virtual nos levam a crer que seus caminhos futuros se tornarão cada vez mais surpreendentes e inusitados a partir da hibridação com outras mídias.

Atividades

1. Sobre as origens da poesia endereçada ao público infantojuvenil, é correto afirmar:
   a. A poesia endereçada especificamente ao público infantojuvenil surgiu na Europa, nos séculos XVII e XVIII, na tentativa de explorar a visão de mundo infantil e valorizar o lúdico na literatura.
   b. A poesia endereçada especificamente ao público infantojuvenil surgiu no Brasil, nos séculos XVII e XVIII, bastante influenciada pelas concepções utilitaristas e pedagógicas do parnasianismo, especialmente de Olavo Bilac.
   c. A poesia endereçada especificamente ao público infantojuvenil surgiu na Europa, nos séculos XVII e XVIII, bastante influenciada por uma visão pedagógica e escolar.
   d. A poesia endereçada especificamente ao público infantojuvenil surgiu no Brasil, no início do século XX, fortemente ligada ao parnasianismo.

2. Em qual das alternativas a seguir são citadas apenas características típicas da poesia infantojuvenil brasileira contemporânea?
   a. Predomínio de animais antropomorfizados; predomínio da visualidade sobre a sonoridade; ilogicidade.
   b. Ludicidade; experimentação com a forma poética; predomínio de animais antropomorfizados.
   c. Predomínio da visualidade sobre a sonoridade; ludicidade; experimentação com a forma poética.
   d. Experimentação com a forma poética; ludicidade; patriotismo.

3. Qual das alternativas a seguir, sobre tradução e adaptação de poesia infantojuvenil, é correta?
   a. O principal problema quanto à tradução de poemas diz respeito à necessidade de adaptações no plano do significante linguístico.
   b. Não é possível traduzir poemas, pois nunca se sabe ao certo o que um poeta realmente quis dizer com sua obra.
   c. Tradução de poemas é uma prática que só pode ser realizada por poetas, pois apenas artistas conseguem captar as mensagens originais.
   d. O principal problema quanto à tradução de poemas diz respeito à necessidade de adaptações principalmente no plano visual.

4. Qual tendência literária foi fundamental, a partir da década de 1960, para uma ruptura com o vínculo tradicionalmente pedagógico da poesia dedicada a crianças e jovens?
   a. Parnasianismo.
   b. Concretismo.
   c. Pós-modernismo.
   d. Modernismo.

5. Sobre a relação da poesia infantojuvenil com o ambiente virtual, é correto afirmar:
   a. Um poema lido em hipertexto mantém todas as suas características originais.
   b. Um poema produzido para o ambiente virtual deixa de explorar aspectos sonoros em prol de aspectos visuais.
   c. Um poema lido em hipertexto adquire potencialidades típicas da linguagem hipertextual.
   d. A poesia infantojuvenil certamente migrará para a internet, a curto prazo, o que trará transformações radicais quanto a esse gênero.

(10)

Metodologia do ensino da
literatura infantojuvenil

Luana Soares de Souza

Em nosso mundo globalizado, a cada dia novas formas de comunicação e de entretenimento se popularizam e as imagens divulgadas se tornam mais atraentes e apelativas, tanto para as crianças quanto para os pré-adolescentes. Com seu interesse voltado para as novidades tecnológicas e para as infinitas possibilidades que lhes são abertas, muitas das quais prescindem de maiores esforços intelectivos, os estudantes dedicam cada vez menos tempo às tradicionais formas impressas de divulgação de conhecimentos e ensinamentos. Esse público, ávido por modismos e avesso a maiores comprometimentos intelectuais, é presença constante nas salas de aula; consequentemente, o despertar do gosto pela leitura de textos escritos vem se tornando um desafio cada vez maior para o professor de literatura.

Entre as propostas inovadoras destinadas a superar ou, pelo menos, amenizar esse problema, está o método recepcional. Baseado na estética da recepção, de Jauss, esse procedimento de ensino propõe novas formas de trabalhar com textos literários, destinadas a despertar o interesse dos alunos pelo ato de ler e a contribuir para a formação de novos leitores. Sua apresentação tem por objetivo instrumentalizar o futuro professor com uma nova metodologia, que, aplicada em sala de aula, tende a conquistar o jovem e estimulá-lo na descoberta do prazer, sempre renovado, que pode ser proporcionado pela literatura.

(10.1) O professor e a aula de literatura

Nas aulas de literatura, a tarefa básica do professor é instigar e preparar o aluno, com vistas a transformá-lo em um leitor ativo, interessado, competente e crítico. Esse é um objetivo difícil de ser atingido, que requer uma análise objetiva sobre as melhores formas de facilitar o contato da classe com os textos literários. Provém daí a necessidade de adoção de métodos de ensino que contemplem os interesses específicos demonstrados pela turma; para isso, "é necessário estimular o gosto, a disposição interna para a leitura, de nada valendo as informações áridas sobre os fatos literários" (Aguiar, 1997, p. 147). Tal posição diante da obra ficcional é ainda muito praticada nas aulas de literatura, nas quais o foco principal, muitas vezes, é colocado na transmissão de dados bibliográficos dos autores estudados, associada a atividades desinteressantes e enfadonhas sobre seus textos. Estas incluem a exigência de preenchimento das inúteis fichas de leitura e de questionários equivocadamente elaborados, cujas respostas são transcritas *ipsis verbis* do texto; a execução dessas tarefas demanda tempo e nada contribui para a apreciação da obra. Nesses casos, "a escola preocupa-se em transmitir ensinamentos sobre a literatura e não em ensinar a ler" (Aguiar, 1997, p. 147), resultando daí um contínuo fracasso no ensino de literatura, que tem por consequência um afastamento, cada vez maior, entre o receptor e a mensagem. Soma-se o descaso pelo incentivo à leitura, associado, em muitas ocasiões, à falta de acervo adequado e na quantidade necessária na biblioteca escolar e à ausência de permissão para os alunos frequentarem livremente esse espaço em sua busca de prazer e de interação com o universo do imaginário.

A construção de um panorama diverso deve ser um desafio e um compromisso para o professor da escola fundamental, pois esse é o estágio de formação do gosto pela leitura. Nas reflexões de Maria Dinorah (1996, p. 19), o ambiente escolar das séries iniciais deve "preparar a criança para a grande vida, a vida plena, a vida de ideias amplas e largas, onde as 'essências' não sejam sufocadas pelas 'aparências' de uma sociedade de consumo". Consequentemente, torna-se impositiva a adoção de um método de ensino da literatura com o intuito básico de propiciar uma íntima relação entre os educandos e o universo literário. Dessa forma, o contexto escolar poderá realmente assumir seu papel na formação do cidadão livre e cônscio de seus deveres e direitos; este, para o exercício pleno de "sua cidadania, precisa apossar-se da linguagem literária, alfabetizar-se nela, tornar-se seu usuário competente, mesmo que nunca vá escrever um livro: mas porque precisa ler muitos" (Lajolo, 2002, p. 106).

Para atingir essa meta, o professor precisa reavaliar suas estratégias de trabalho, a dinâmica de suas aulas e suas próprias concepções sobre o significado da literatura e sobre sua importância para a construção da personalidade do aluno. Impõe-se a conscientização por parte do estudante e da escola de que o ato de ler constitui uma experiência íntima e profunda e que a literatura é um manifesto da humanidade, que produz no leitor ativo um processo de transformação. Essa visão, aliada à concepção de que a melhoria do ensino dessa disciplina requer uma perspectiva inovadora, promove a interação de todos os envolvidos. Entre as alternativas metodológicas passíveis de utilização em aulas de leitura de textos literários no ensino fundamental, o método recepcional sobressai como sendo dos mais indicados, por facilitar o envolvimento dos leitores na descoberta e exploração de novos horizontes.

(10.2) Método recepcional: uma solução viável

O texto literário é formado por uma junção de seres, lugares, tempos e objetos, que o autor interpreta com uma visão própria, emprestando-lhes uma nova significação. Dessa forma, o seu estudo não pode prescindir de uma postura diferenciada, que o considere como resultado de uma produção intelectual e livre, que necessita, portanto, ser tratado artisticamente. Com essa concepção e visando instigar o surgimento de uma leitura crítica na escola, devem ser aplicados métodos que estimulem o ato de ler; ensinem a refletir sobre a escrita; despertem o imaginário; e, principalmente, incrementem a capacidade criadora da criança e do jovem. O ensino requer a adoção de procedimentos renovados que favoreçam o entendimento, a investigação, a dedução e o diálogo com a obra ficcional. Assim, o professor deve identificar as necessidades e os interesses da classe e selecionar abordagens que atraiam os alunos e propiciem uma leitura participante e prazerosa no ambiente escolar e familiar.

A estética da recepção adota como premissas básicas os seguintes fatos: a literatura é uma forma de comunicação ativa, e o leitor é uma entidade para quem o texto é direcionado; a leitura é um intercâmbio de vivências entre receptor e obra, e o efeito produzido no destinatário se configura como sua experiência estética. O papel dessas ideias contribuiu tanto para os estudos literários quanto para a metodologia do ensino, visto que, em ambos os campos, tal perspectiva desvenda os elementos do circuito literário: autor, obra e leitor. Além disso, a ênfase na atitude receptiva conduz a uma sucessiva reformulação das requisições do leitor relativas ao sistema de valores que dirigem sua experiência e sua perspectiva do mundo. Nesse sentido, o ato de ler, com base nos fundamentos teóricos recepcionais, deve priorizar a leitura da "obra difícil", ou seja, daquela que é capaz de mudar os esquemas ideológicos plausíveis de serem criticados, reafirmando seu aspecto transformador. Por fim, o caráter dessa corrente procura qualificar o leitor pela sua intersecção ativa com os textos e com o espectro social, fator imprescindível para transformar os alunos em futuros cidadãos críticos e participantes.

Concorde com a proposta anterior e com a finalidade de propiciar um ensino de literatura motivador e interessante, o presente capítulo apresenta uma metodologia voltada para os interesses da turma, tarefa que exige do educador disposição para aceitar os elementos que compõem o mundo de seus educandos. Nessa perspectiva, um dos processos mais adequados é o propiciado pelo método recepcional. Neste, as ideias de Jauss (2002), aplicadas ao ensino da literatura, enfatizam que a tarefa inicial do professor é a proposição de leituras próximas do gosto do aluno e, num processo gradual, a apresentação de textos que o distanciem de seu universo de referências, daquilo que ele conhece como observador do mundo, permitindo, dessa maneira, a ampliação de seu horizonte de expectativas. Ao final, o educador proporciona leituras diferenciadas, que, por oposição às anteriores, levam o estudante a refletir e a interpretar sua própria história.

Aqui é importante o incentivo a leituras novas que conduzam ao questionamento e ao estranhamento e que, em consequência, possibilitem a alteração do sistema de valores do leitor. Quanto maior o grau de quebra de seu conhecimento, mais libertadora a obra fica, transformando sua perspectiva, sua postura e seu comportamento, tornando-se, então, um potencial de transformações pessoais e sociais.

Conforme Bordini e Aguiar (1993), o êxito da aplicação do método recepcional no ensino de literatura requer a consecução de alguns objetivos educacionais básicos. Entre eles se destacam a realização de leituras assimiláveis, porém críticas, a receptividade a novos textos, o questionamento do que está escrito com base no horizonte cultural do leitor e a transformação dos horizontes de expectativas de professores, escola, comunidade e família. Quanto ao processo de avaliação, a estética da recepção engloba a dinâmica do processo da leitura e da escrita do aluno. Esta deve ser observada ao longo das atividades sugeridas, nas quais aquele deverá mostrar habilidade na comparação e no contraste durante o transcorrer da tarefa. Assim, ao mesmo tempo que ele é levado a se questionar sobre seu próprio desempenho e o do grupo, pode atingir o estágio de "uma leitura mais exigente a nível estético e ideológico" (Bordini; Aguiar, 1993, p. 86).

Fases do método recepcional

O método recepcional, algumas vezes também chamado de *processo de recepção textual*, constitui um todo único e integrado; porém, por questões didáticas de facilidade de entendimento e de aplicação efetiva, pode ser dividido em diferentes etapas, que são subsequentes e estão interligadas entre si. Esses passos se referem ao horizonte de expectativas do aluno e dizem respeito à sua determinação, ao seu atendimento, à sua ruptura, ao seu questionamento e, finalmente, à sua ampliação. De forma sintética, tais fases podem ser entendidas como apresentamos a seguir.

a. DETERMINAÇÃO DO HORIZONTE DE EXPECTATIVAS: Aqui cabe identificar o universo anterior do aluno, ou seja, suas referências culturais, sociais, religiosas e ideológicas. Esses parâmetros determinam seus gostos, preconceitos e valores em relação a formas de divertimento, tipos de leitura e modos de vida. Para o estabelecimento desse horizonte, o professor deverá examinar o comportamento da turma e sua reação a assuntos específicos, usando de técnicas diversas, como questionário, debate e explosão de ideias (*brainstorming*).

b. ATENDIMENTO DO HORIZONTE DE EXPECTATIVAS: Nesse momento, cabe ao mestre satisfazer o quadro de interesses percebido, apresentando à classe textos diversos, relacionados com a temática preferencial. A tipologia textual deve ser flexível na composição e na abordagem; podem ser utilizados poemas, contos, letras de música, periódicos, escritos de propaganda, charges humorísticas, crônicas jornalísticas, bem como quaisquer outros meios que se revelarem adequados.

c. ROMPIMENTO COM O HORIZONTE DE EXPECTATIVAS: Representa um corte entre o antigo e o novo, proporcionando uma oportunidade para os alunos alcançarem novas visões em termos de experiências culturais e literárias. Os textos apresentados, para evitar a insegurança do estudante e sua rejeição da experiência, devem ser semelhantes, na temática, na abordagem, na organização ou na linguagem, àqueles vistos anteriormente.

d. QUESTIONAMENTO DO HORIZONTE DE EXPECTATIVAS: Essa fase compreende a análise comparativa de diferentes leituras, objetivando determinar as que auxiliam na compreensão dos textos, favorecem a reflexão e permitem ao leitor a descoberta de novos horizontes. A promoção de seminários, de debates ou de painéis é indicada por facilitar a apresentação do resultado das análises e sua discussão pelo grupo.

e. AMPLIAÇÃO DO HORIZONTE DE EXPECTATIVAS: Ao final, é importante a conscientização da turma de que a leitura não pode ser encarada unicamente como uma atividade letiva: o ato de ler deve ser considerado como uma oportunidade única para o aluno adquirir novos conhecimentos e experiências que modificarão sua própria maneira de perceber a vida. Essa é a função última da literatura.

No quadro a seguir são mostradas, de forma sintética, as diferentes fases do desenvolvimento do método recepcional, com as respectivas tarefas a serem cumpridas.

Quadro 10.1 – Método recepcional

FASES DO MÉTODO	ATIVIDADE A SER DESENVOLVIDA
Determinação do horizonte de expectativas.	Identificação de preferências.
Atendimento do horizonte de expectativas.	Apresentação de textos com a temática escolhida.
Rompimento com o horizonte de expectativas.	Apresentação de outros textos com a temática escolhida.
Questionamento do horizonte de expectativas.	Análise das diferentes leituras.
Ampliação do horizonte de expectativas.	Incentivo a novas leituras sobre o tema.

FONTE: BASEADO EM JAUSS, 2002.

A apresentação dos pressupostos básicos do método recepcional de ensino de literatura não objetiva ser uma fórmula mágica de ensinar literatura, pois esta não existe. A adoção dessa teoria, e de outras igualmente válidas, nas aulas de literatura infantojuvenil objetiva promover a ampliação do contato existente entre aluno e texto, bem como alargar o horizonte de ação dos docentes por meio da realização de experiências em suas salas de aula. Assim, serão atingidas as propostas basilares de motivação, leitura e produção do texto literário, devidamente coadunadas com as variáveis existentes em nossas realidades social e escolar.

Aplicação do método

Unicamente a título de sugestão, a seguir apresentaremos dois exemplos de aplicação do método recepcional em salas de aula do ensino fundamental e do ensino médio, respectivamente. Neles são estabelecidos o nível de ensino, o conteúdo temático principal, as obras literárias a serem lidas, os objetivos a serem atingidos e os passos metodológicos principais para a consecução das metas previstas para a disciplina. Não obstante as atividades sugeridas serem adequadas às finalidades em vista, elas não são estanques ou excludentes; são somente ideias que podem, e devem, ser expandidas. O teste de novas práticas e sua adaptação ao meio escolar constitui tarefa fundamental para o exercício da prática pedagógica do futuro professor.

Atividade n°1 – Nível: 4° ciclo do ensino fundamental

a. CONTEÚDO: literatura social.
b. SUGESTÕES DE LEITURA: entre muitos outros textos que se prestam à atividade, é sugerida a leitura dos livros *Os meninos da Rua da Praia* (Caparelli, 2001) e *As meninas da Praça da Alfândega* (Caparelli, 2002), bem como *Lando das ruas*, de Carlos de Marigny (1986). Como documentário, sugere-se a projeção do curta-metragem *Profissão: criança*, dirigido por Sandra Werneck (1993).
c. OBJETIVO: proporcionar aos alunos o contato com textos que abordem a questão do abandono infantil nas grandes cidades brasileiras.
d. PROCEDIMENTOS A SEGUIR:
   1. DETERMINAÇÃO DO HORIZONTE DE EXPECTATIVAS
   O professor leva periódicos semanais para a sala de aula e os distribui para os alunos. É sugerido que a turma escolha a notícia mais interessante, a que mais desperta sua atenção. Enquanto as crianças fazem a tarefa, o professor circula pela sala, observando suas reações.
   Supondo-se que manchetes ou notícias que tratem da infância abandonada sejam o tema escolhido, o professor solicita que eles observem aquilo que mais despertou interesse. Sugere-se que, a partir daí, o educador explore alguns dados importantes da notícia, como fotografias de crianças abandonadas, suas carências e problemas e o resultado de seu abandono.

2. Atendimento do horizonte de expectativas

A fim de atender ao interesse demonstrado por histórias que representem as crianças marginalizadas nas grandes cidades brasileiras, o professor propõe a leitura extraclasse do livro *As meninas da Praça da Alfândega*, de Caparelli (2002). Posteriormente, em data preestabelecida, a turma desenvolverá a seguinte atividade: os alunos são divididos em dois grupos e recebem a tarefa de formularem perguntas um ao outro sobre a narrativa lida. A equipe que acertar o maior número de respostas, ganha a competição.

3. Ruptura do horizonte de expectativas

Na aula seguinte, o professor projeta o curta-metragem *Profissão: criança* e recomenda que os alunos observem de que maneira as crianças estão representadas no documentário. (Aqui é importante lembrar a importância de, antes da projeção do filme, introduzir uma atividade preparatória referente ao tema). Finalizada a exibição, é solicitado que os estudantes, em grupos, comparem essas personagens com aquelas do livro, apontando as semelhanças e as diferenças existentes entre a vida da cada uma, o espaço em que vivem e as situações que enfrentam no seu dia a dia. As observações devem ser descritas em forma de parágrafo e entregues no final da aula.

4. Questionamento do horizonte de expectativas

O professor solicita a alguns alunos que realizem a dramatização da narrativa *As meninas da Praça da Alfândega*, de Capparelli, sendo que aqueles que não atuarem serão os responsáveis pelo roteiro da peça, a qual deverá ser apresentada em, no máximo, três atos. Em outro encontro, posterior, é proposto aos estudantes um debate sobre o tema da marginalização do menor. No final da atividade, as equipes apresentam suas conclusões à classe.

5. Ampliação do horizonte de expectativas

Após a apresentação teatral feita pelos alunos, em outra data previamente determinada, o professor conduz um painel de discussão que abranja questões importantes sobre o tema escolhido. Ao final, a turma escolhe as participações e as respostas mais relevantes, que são anotadas e expostas no mural da sala de aula.

No desenvolvimento dessa fase, o professor divide a turma em dois grupos e recomenda a leitura extraclasse dos outros textos selecionados que tratam da temática em pauta: *Os meninos da Rua da Praia* e *Lando das ruas*. No próximo encontro, as equipes devem debater entre si o tema da marginalização infantil e, em sequência, apresentar as opiniões que formaram sobre o assunto. Segue-se a votação de outro assunto a ser estudado e, sobre este, são retomadas as fases do método recepcional.

Atividade nº 2 – Nível: 3º ano do ensino médio

a. CONTEÚDO: poesia lírica.
b. SUGESTÕES DE LEITURA: aqui, são sugeridos os textos *Canto da solidão*, de Bernardo Guimarães (2009), *Antologia poética*, de Vinicius de Moraes (1986), e *Desespero na solidão – poemas escolhidos*, de Junqueira Freire (1976).
c. OBJETIVO: proporcionar aos alunos experiências de leitura com textos que abordem a solidão humana em diferentes períodos literários.
d. PROCEDIMENTOS A SEGUIR:
   1. DETERMINAÇÃO DO HORIZONTE DE EXPECTATIVAS
   O professor toca em sala de aula gravações de músicas contemporâneas que tratem, por exemplo, da solidão, temática escolhida anteriormente como uma das que mais afetam os jovens. Em seguida, os alunos são orientados a escreverem ou desenharem sobre os sentimentos despertados pelas letras ouvidas e convidados a exporem suas impressões ou esboços. A seguir, o professor distribui à classe um questionário contendo perguntas variadas sobre o tema como (1) em relação a quem ou em quais situações a pessoa se sente solitária?, (2) de que forma ela pode expressar essa sensação?, (3) qual é a melhor maneira de se lidar com esse sentimento?, (4) qual palavra pode ser usada para resumir o tema?
   Após os alunos terem completado a atividade, alguns deles são incentivados a falarem, de forma espontânea, sobre suas respostas.
   2. ATENDIMENTO DO HORIZONTE DE EXPECTATIVAS
   Para atender à preferência dos estudantes, no encontro seguinte, o professor apresenta outra canção que também fale da solidão e propõe que os alunos façam uma comparação sobre a representação do tema nesta e naquelas ouvidas na fase anterior.

3. **Ruptura do horizonte de expectativas**
   Nessa fase, pode ser sugerida a leitura de poemas de autores do barroco ao pós-modernismo que também abordem o tema da solidão. A turma é dividida em grupos, cada um ficando responsável por um período literário e, neste, pela escolha de um poema que melhor represente a solidão. As equipes leem o texto em voz alta e justificam o porquê da escolha. Depois da leitura, cada aluno deverá escrever um poema com o mesmo tema e compará-lo com aquele escolhido por seu grupo, analisando os recursos expressivos em comum usados e o sentido de solidão expresso em ambos.
4. **Questionamento do horizonte de expectativas**
   No próximo encontro, é proposta a leitura de dois poemas de escolas literárias diferentes, mas sobre a mesma temática. Os alunos devem analisar suas diferenças e semelhanças existentes entre as abordagens, atividade que propicia a avaliação da forma de expressão usada nas duas estéticas. A seguir são apresentadas as conclusões, e a classe passa a debater sobre qual movimento ou autor trata mais eficazmente do tema estudado.
5. **Ampliação do horizonte de expectativas**
   Em sequência, é sugerida outra votação para a escolha de temas diversos que interessem aos alunos e favoreçam a retomada desse método de ensino.

(10.3) Elementos importantes no ensino da literatura

Independentemente da metodologia utilizada para o ensino da literatura, existem elementos que são imprescindíveis para o êxito dos processos de ensino e de aprendizagem; a inobservância de seus princípios traz consigo vários resultados indesejáveis, entre os quais o afastamento do aluno e sua rejeição à leitura de textos literários. Para que a aula de literatura seja uma experiência agradável, prenunciadora do despertar de vocações e do surgimento de novos e interessados leitores, é importante que o professor tenha sempre presente as regras básicas inerentes à motivação, à leitura, bem como aquelas relativas às atividades de trabalho e à produção textual.

Motivação

A motivação pressupõe que o professor deve despertar o interesse, apresentar o conteúdo da aula e, por conseguinte, garantir o empenho da turma para a realização da tarefa em pauta e estimular sua curiosidade por aquelas que se seguirão, assegurando sua participação. O entusiasmo do aluno, quando incentivado, garante seu envolvimento com o tema abordado e representa o diferencial que se busca na aprendizagem e no desencadeamento de um nexo afetivo com o ato de leitura. Tal estímulo é conseguido com a aplicação de atividades criativas, relacionadas com o "mundo" do estudante.

Desde que tratem de assuntos relacionados com a temática da aula de literatura, constituem recursos utilizáveis: letras de músicas, enredos de filmes de aventura, terror ou ficção científica, informações disponibilizadas na internet, revistas em quadrinhos, programas de televisão polêmicos, manchetes provocativas de jornais, fotografias intrigantes, dúvidas da turma, experiências de vida. Além destas, inúmeras alternativas existem à disposição do professor, cuja perspicácia o orientará na escolha da opção mais adequada aos seus propósitos; esta deve ser concernente ao aluno, à sua faixa etária e ao ambiente no qual ele está inserido, uma vez que "nenhuma tarefa de leitura deveria ser iniciada sem que as meninas e meninos se encontrem motivados para ela, achando interessante o trabalho a ser realizado" (Solé, 1998, p. 96).

Leitura

A leitura literária consiste em uma atividade calcada na "reflexão e na produção de significado a partir de um contato e de uma troca, em nível mais profundo, do indivíduo com o texto escrito" (Rosa, 2000, p. 96). Seus objetivos englobam os atos de conhecer, refletir, analisar, posicionar-se, discernir, imaginar, amadurecer e sentir prazer. Dessa maneira, o aluno deve ser orientado a ser um leitor capaz de dar àquela um sentido próprio, por meio de um jogo de perguntas e respostas e do estabelecimento de hipóteses que sirvam para desvendar a história de acordo com sua experiência de vida. Por outro lado, como interlocutor ativo e crítico, preparado para revelar as potencialidades da obra ficcional, deve buscar a compreensão, o diálogo, a recriação, a inferência e a produção, estágios indispensáveis, que configuram o ato de ler como um meio, nunca como um fim em si próprio. Agindo assim, o educando se torna um receptor não só da palavra, mas também do mundo, transformando a leitura em um modo de construção da personalidade.

O essencial é "a experiência emocional desencadeada pela leitura" (Solé, 1998, p. 96); assim, a turma deve ser colocada em contato com o conteúdo e a forma da obra ficcional, sendo incentivada a atribuir-lhe sentidos e a descortinar o universo que ela representa. O professor, em lugar de apresentar à classe perguntas de interpretação propostas por manuais escolares centrados em atividades reprodutoras e repetitivas, deve guiá-la na construção mental do cenário descrito, estágio inicial para o questionamento e o raciocínio individuais. "É fundamental que os exercícios e atividades trabalhem elementos do texto que contribuam para um relacionamento mais intenso dos alunos com aquele texto particular" (Lajolo, 2002, p. 51) e que favoreçam a confrontação da obra com outras do conhecimento de cada um.

Objetivando incentivar o gosto pela leitura, é imprescindível que na aula de literatura sejam desenvolvidas atividades que despertem o interesse dos alunos pela leitura, o desenvolvimento da sensibilidade poética e da criatividade, a valorização do ato de ler como fonte de informação e acesso ao conhecimento. Como sugestões de atividades que podem ajudar o professor a conquistar seu aluno para o texto literário (as quais devem ser adaptadas à faixa etária e ao contexto do aluno), de modo a possibilitar que essa interação seja produtiva e satisfatória, podem ser citadas as propostas pelas estudiosas da literatura infantil Coelho (1997) e Micheletti (2000). A primeira recomenda a confecção de desenhos que reproduzam a situação proposta pela história; a modelagem das personagens em massa ou qualquer outro material, com a produção de esculturas, fantoches etc.; a leitura dramatizada ou jograis; a teatralização da história lida; a escrita de resumos, paráfrases ou sumários; a caracterização dos seres ficcionais por meio da narração ou da descrição; e a criação de encontros de leitura de poemas. A segunda autora sugere a utilização de coletâneas de textos variados, preferencialmente de autores consagrados, e a exploração dos diversos sentidos que as palavras e as estruturas sintáticas podem adquirir para o aluno.

Como enfatizado anteriormente, cada turma tem suas próprias verdades e necessidades; em consequência, não pode haver uma "receita padrão" sobre como ministrar uma aula, qualquer que seja a matéria. No caso do ensino da literatura infantojuvenil, as dificuldades aumentam, uma vez que, além da simples transmissão do conteúdo, o professor também deve visar ao despertar do interesse do aluno pela leitura crítica e participativa. Assim, as regras e etapas metodológicas expostas, bem como as atividades sugeridas, são um simples caminho para o mestre percorrer, enquanto pesquisa outras possibilidades que possam ser mais condizentes com a sua realidade contextual.

Atividades

1. A aplicação de uma metodologia no ensino de literatura proporciona uma _____ de trabalho em sala de aula.
   a. maior avaliação.
   b. formação intelectual.
   c. forma organizada.
   d. formação educativa.

2. A aplicação do método recepcional procura contribuir para a _____ de novos leitores.
   a. educação.
   b. formação.
   c. sugestão.
   d. intenção.

3. O método recepcional prioriza o _____.
   a. leitor.
   b. contexto.
   c. público.
   d. escritor.

4. Durante o processo de leitura, o leitor é um elemento _____.
   a. passivo.
   b. ativo.
   c. intencional.
   d. alusivo.

5. O papel do professor nas aulas de literatura é o de um _____.
   a. controlador.
   b. avaliador.
   c. seletor.
   d. mediador.

Referências

AGUIAR, V. T. (Coord.) *Era uma vez... na escola*: formando educadores para formar leitores. Belo Horizonte: Formato Editorial, 2001. (Série Educador em Formação).
____. (Org.). *Poesia fora da estante*. Porto Alegre: Projeto, 2002.
ANDERSEN, H. C. *Fairy Tales and Stories*. Disponível em: <http://hca.gilead.org.il/>. Acesso em: 10 set. 2009.
ASSUMPÇÃO, S. Poesia, leitura e comunidade virtual de leitura. *Texto Digital*, Florianópolis, v. 2, n. 1, 2006. Disponível em: <http://www.periodicos.ufsc.br/index.php/textodigital/article/view/1326>. Acesso em: 28 jul. 2009.
BARTHES, R. *Aula*. São Paulo: Cultrix, 1987.
BILAC, O. *Poesias infantis*. Rio de Janeiro: F. Alves. 1929. Disponível em: <http://www.unicamp.br/iel/memoria/Ensaios/LiteraturaInfantil/Poesias%20Infantis/Pi01.htm>. Acesso em: 15 jan. 2009.

BORDINI, M. da G. *Poesia infantil*. São Paulo: Ática, 1991. (Série Princípios).
BORDINI, M. da G.; AGUIAR, V. T. de. *Literatura*: a formação do leitor: alternativas metodológicas. 2. ed. Porto Alegre: Mercado Aberto, 1993.
CAPPARELLI, S. *As meninas da Praça da Alfândega*. Porto Alegre: L&PM, 2002.
____. *Os meninos da Rua da Praia*. Porto Alegre: L&PM, 2001.
CAPPARELLI, S.; LONGHI, R. A produção cultural digital para crianças. In: JAKOBY, S. *A criança e a produção cultural*: do brinquedo à literatura. Porto Alegre: Mercado Aberto, 2003. p. 83-112.
COELHO, N. N. *Literatura infantil*: teoria, análise, didática. São Paulo: Moderna, 2000.
____. *O conto de fadas*. São Paulo: Ática, 1987.
____. *Panorama histórico da literatura infantil e juvenil*. 4. ed. São Paulo: Ática, 1991.

COSSON, R. Entre o cânone e o mercado: a indicação dos textos na escola. In: PAULINO, G.; COSSON, R (Org.). *Leitura literária*: a mediação escolar. Belo Horizonte: Ed. da UFMG, 2004.

DINORAH, M. *O livro infantil e a formação do leitor*. Petrópolis: Vozes, 1996.

FREIRE, J. *Desespero na solidão*: poemas escolhidos. São Paulo: Nova Aguilar, 1976.

GILLIG, J. M. *O conto na psicopedagogia*. Porto Alegre: Artmed, 1999.

GOÉS, L. P. *Introdução à literatura infantil e juvenil*. 2. ed. São Paulo: Thomson Pioneira, 1991.

GOTLIB, N. B. *Teoria do conto*. São Paulo: Ática, 1999

GRUSZYNSKI, A. C.; CAPPARELLI, S. *Ciberpoesia*. Disponível em: <http://www.ciberpoesia.com.br>. Acesso em: 31 jan. 2012.

GUIMARÃES, B. *Canto da solidão*. Rio de Janeiro, 1858. Disponível em: <http://www.dominiopublico.gov.br/download/texto/fs000047pdf.pdf>. Acesso em: 15 jan. 2009.

HISTÓRIA DO BRASIL. Publicação em CD-ROM. Rio de Janeiro: ATR Multimedia, 1995.

JAUSS, H. R. A estética da recepção: colocações gerais. In: LIMA, L. C. (Org.). *A literatura e o leitor*. Rio de Janeiro: Paz e Terra, 2002.

KHÉDE, S. S. *Personagens da literatura infantojuvenil*. São Paulo: Ática, 1990.

KIRCHOF, E. R. Narrativa e hipertexto. In: ENCONTRO NACIONAL DE LÍNGUAS E LITERATURA, 3., 2008, Novo Hamburgo. *Anais...* Novo Hamburgo: Ed. da Feevale, 2008.

KIRCHOF, E. R.; SILVEIRA, R. M. H. Professoras moralizadoras, normalizadoras ou ausentes: a literatura infantil retratando as diferenças. *Anuário de Literatura*, Florianópolis, v. 13, n. 2. p. 55-76. 2008. Disponível em: <http://www.periodicos.ufsc.br/index.php/literatura/article/view/7358/8406>. Acesso em: 28 jul. 2009.

LAJOLO, M. *Do mundo da leitura para a leitura do mundo*. São Paulo: Ática, 2002.

LAJOLO, M.; ZILBERMAN, R. *Literatura infantil brasileira*: história e histórias. São Paulo: Ática, 1999.

_____. _____. 6. ed. São Paulo: Ática, 2004.

MACHADO, A. M. *Como e por que ler os clássicos universais desde cedo*. Rio de Janeiro: Objetiva, 2002.

_____. Entre vacas e gansos: escola, leitura e literatura. In: _____. *Texturas*: sobre leituras e escritos. Rio de Janeiro: Nova Fronteira, 2001a.

_____. Por uma cultura de resistência. In: *Texturas*: sobre leituras e escritos. Rio de Janeiro: Nova Fronteira, 2001b.

MARCUSCHI, L. A. Gêneros textuais: definição e funcionalidade. In: DIONISIO A. P.; MACHADO, A. K.; BEZERRA, M. A. (Org). *Gêneros textuais e ensino*. Rio de Janeiro: Lucerna, 2003.

MARIGNY, C. de. *Lando das ruas*. São Paulo: Brasiliense, 1986.

MICHELETTI, G. *Leitura e construção do real*: o lugar da poesia e da ficção. São Paulo: Cortez, 2000.

MORAES, J. *A arte de ler*. São Paulo: Ed. da Unesp, 1994.

MORAES, V. de. *Antologia poética*. São Paulo: Círculo do Livro, 1986.

NOVA ENCICLOPÉDIA BARSA. Versão 1.11. 1999. 1 CD-ROM.

OLIVEIRA, I. (Org.). *O que é qualidade em literatura infantil e juvenil?* Com a palavra, o escritor. São Paulo: DCL, 2008.

PROFISSÃO: criança. Direção: Sandra Werneck. Produção: Cineluz Produções Cinematográficas. São Paulo, 1993. 35 min.

RAMOS, F. B. O leitor como produtor de sentido nas aulas de literatura: reflexões sobre o processo de mediação. In: PAULINO, G.; COSSON, R. (Org.). *Leitura literária*: a mediação escolar. Belo Horizonte: Ed. da UFMG, 2004.

REPÚBLICA ON-LINE 1889-1961. Rio de Janeiro: Museu da República. Disponível em: <http://www.republicaonline.org.br/RepOnlineNAV/navegacao/index.asp?secao=peri&inicio=1>. Acesso em: 15 jan. 2009.

ROSA, L. L. *O professor de séries iniciais*: a literatura levada a sério. Passo Fundo: UPF, 2000.

SILVEIRA, R. M. H. (Org.). *Professoras que as histórias nos contam*. Rio de Janeiro: DP&A, 2002.

SOLÉ, I. *Estratégias de leitura*. São Paulo: Artes Médicas Sul, 1998.

SOUZA, R. A. *Teoria da literatura*. São Paulo: Ática, 2000.

ZILBERMAN, R. A literatura infantil e o leitor. In: CADEMARTORI, L.; ZILBERMAN, R. *Literatura infantil*: autoritarismo e emancipação. São Paulo: Ática, 1987. (Coleção Ensaios).

_____. *A literatura infantil na escola*. São Paulo: Global, 1998.

_____. *Como e por que ler a literatura infantil brasileira*. Rio de Janeiro: Objetiva, 2005.

_____. *Um Brasil para crianças*: para conhecer a literatura infantil brasileira, história, autores e textos. São Paulo: Global, 1993.

ZILBERMAN, R.; ANCONA LOPEZ, F. *Literatura e pedagogia*: ponto e contraponto. Porto Alegre: Mercado Aberto, 1990.

ZINANI, C. J. A.; SANTOS, S. R. P. Parâmetros Curriculares Nacionais e ensino de literatura. In: PAULINO, G.; COSSON, R. (Org.). *Leitura literária*: a mediação escolar. Belo Horizonte: Ed. da UFMG, 2004.

Gabarito

Capítulo 1

1. c
2. a
3. c
4. d
5. a

Capítulo 2

1. b
2. c
3. a
4. b
5. a

Capítulo 3

1. b
2. a
3. c
4. b
5. b

Capítulo 4

1. c
2. d
3. a
4. b
5. d

Capítulo 5

1. d
2. b
3. a
4. c
5. b

Capítulo 6

1. b
2. d
3. b
4. c
5. b

Capítulo 7

1. c
2. a
3. b
4. a
5. d

Capítulo 8

1. b
2. d
3. a
4. b
5. c

Capítulo 9

1. c
2. b
3. a
4. d
5. c

Capítulo 10

1. c
2. b
3. a
4. b
5. d

Impressão: BSSCARD
Agosto/2013